Off the field

どんな個性も活きる
スポーツ ラグビー に学ぶ

オフ・ザ・フィールドの子育て

株式会社チームボックス代表取締役
日本ラグビーフットボール協会理事
中竹竜二

エッセンシャル出版社

はじめに

２０１９年のラグビーワールドカップ日本大会は、多くの人が会場に詰めかけ、観客動員数が１２８万人を超えました。無料のファンゾーンにもたくさんのファンが訪れ、老若男女を問わず、選手たちに熱い声援を送ってくれました。

大会が予想をはるかに超えて盛り上がったのは、Japanチームの大躍進があったから。しかし、日本戦以外の試合にもたくさんの観客が詰めかけたのは、ラグビーが持つ本質的な魅力に、多くの人が気づいたからではないかと思っています。

たとえば、台風の影響で中止になった試合では、その試合に出るはずだった選手たちが、いち早くボランティアとして被災地に駆けつけるといった感動的なエピソードもありました。そうしたことも、ラグビーの本質的な魅力を形づくる一つの要因だったと思います。

そんなラグビーの特徴の一つに「多様性」というキーワードがあります。Japan

チームが実際にそうでしたが、国籍や人種を超えて「ワンチーム」として戦う彼らの姿は、まさに多様性の象徴でした。ただし、それだけではラグビーの持つ多様性を表すには充分ではありません。野球でもサッカーでも、トップレベルのチームには各国から選手が集まっていて、それはラグビーも変わらない。では、ラグビーの多様性は一体どこに特徴があるのでしょう。

ラグビーではポジションごとに求められる役割が異なるため、どこか一つ得意なところがあれば、足が遅かろうが、体が小さかろうが、パスが苦手だろうが、活躍できる場所がちゃんとあり、それが独自の多様性を生み出しています。自分の得意な面を最大限活かしてチームに貢献し、逆に自分の不得意な面は仲間が全力でフォローする――これこそがラグビーの大きな魅力であり、多様性の原点なのです。

スポーツの中では、かなり特殊かもしれません。でも、これって〝実社会の在り様〟にかなり近い面があると思いませんか？　ある意味、企業活動やさまざまなコミュニティーの「縮図」のような存在がラグビーだと言えるかもしれません。そうであれば、一般の方にも学ぶべき点が多いのではないか、多様性の時代を生きていくために、「ラグビーに学ぶ」という視点があってもいいのではないか……そう考えて本を書こうと思いました。

ところで、本書では強力な助っ人をお願いしました。花まる学習会を主宰する、「学び」のプロである高濱正伸さんです。テレビで偶然見かけたことがきっかけだったのですが、不思議なことに、「この人とは必ずどこかで会うことになる!」と直感しました。その予感は現実のものとなり、今では対談をしていただいたり、講演をしていただいたりと、いろいろな形でお世話になっています。本書でも、私の考えに的確なコメントをしてくださり、巻末には対談も掲載させていただきました。ぜひ参考にしていただければと思います。

さて、これを書いている現在、世界中で新型コロナウイルスが猛威をふるっています。昨年のワールドカップで手応えを得たラグビーも、オリンピックの延期が決まったことで、「さらなるファン獲得を!」という意気込みに水を差された形です。でも、私は今回のコロナ禍をこんなふうに考えてみたのです。

人類は生態系の頂点に立ち、何もかも自分たちでコントロールできると信じてきた。しかし、それはただの慢心に過ぎなかったと教えられた。そして、ふと目を身近に転じれば、多くの親がわが子をコントロールできると信じている。でも、それはまさに今回のコロナと同じことなのではないだろうかと。

ウイルスは、人類よりもずっと昔から存在し、今も形を変えながら生き続けています。彼らは相手を変えようとするのではなく、自らが外部環境に適応して変化することで、強く生き続けてきたのです。

私は子育ても同じだと思いました。子どもをどう変えようかと考えるのではなく、親自身が変わる必要があると思うし、子どもに学ばせるのではなく、子どもとともに学ぶという姿勢こそが、本当の意味でよりよい変化をもたらしてくれるのではないでしょうか。そして、ゲームの状況によって自身をその都度変化させることを強く求められるラグビーは、その手本になるものだと確信したのです。

世界は今、この災禍を克服するために手を取り合っています。I（私）ではなく、We（私たち）で物事を考えている。これは「ワンチーム」の精神そのものです。

ぜひ本書を読んで親子で楽しく学んでください。さあ始めましょう、キックオフ！

CONTENTS

「自分らしさ」を見つければ、可能性はずっと広がる!

1

「自分らしさ」って何だろう。プラスだけじゃなくマイナスも「自分らしさ」だと理解できれば、多様性が求められる社会の中で自分を活かせる可能性が高まります。

人を育てるための第一歩

私は公益財団法人日本ラグビーフットボール協会で10年間、「コーチのコーチ」であるコーチングディレクターを務めてきました。世界で勝てる指導者を発掘・育成し、ユース世代の日本代表を強化するのが仕事です。

将来、日本代表を担うユース世代を指導するコーチに対しては、「自分自身の成長に目を向けること」を大切にしてもらっています。コーチ自身の成長に目を向けてもらうには、「今が完璧じゃないと認めること」が必要になってきます。どれだけ自分が成長しているかに目を向けるには、過去の自分と今の自分とを比較しなければならず、過去の「できなかった自分」を客観的に見つめる必要があるのです。

人はつい、自分を他者と比べがちです。それだと相手のいいところばかりが気になり、逆に自分のほうが優れていると感じたとしても、自分がどれだけ成長したのかを知ることにはつながりません。**成長を知るには、他人ではなく、あくまでも自分の過去と現在に物差しを当てて測るしかないのです。**

たとえば、何かコンプレックスを抱えているとして、そのコンプレックスが何かは、自分にはわかっています。そのコンプレックスをまずは認めた上で、それを自分がどんな方法で克服しようとしているのかを見ていくようにします。そうすれば、自分の成長がわかるようになります。

それができるコーチは、選手に対しても他者と比べるのではなく、その選手の過去と現在を比べることができます。すると、「いい結果」には興味がなくなる。成長がないのに「結果オーライ」であっても、それには意味がないとわかるからです。

たとえ結果が出なくても、「ここがこんなに成長した！」ということがわかれば、喜びや充実感を見出すことができます。結果など気にしなくても済むのです。

これを「わが子」に置き換えると、他人の子どもの点数と比べても意味がないということ。まわりの子がどれだけ運動ができようが、わが子にできなかった逆上がりが今日できるようになったことのほうが大事で、ほかの子の点数と比べて一喜一憂することより、ずっと価値があるのです。

まずは、コーチ自身が自分と真剣に向き合うこと。そうした姿勢を選手に見せればよいのです。選手だって、親（コーチ）の背中を見て育ちます。

私はコーチを育てるときに、はっきりとこう言います。

「ラグビーが詳しい、戦術を知っている、ということよりも、コーチであるあなた自身がどれだけ学ぼうとするか、いろんな現象を〝自責〟として捉え、どれだけさらけ出せるかが大切です」と。

自分自身の成長に目を向けると言っても、そこに劇的な成長なんて必要ありません。親の場合であれば、過去の自分と比べたときに、「子どもの話を長く聞けるようになった」、「ちょっと待てるようになった」、「嫌い・苦手な人にも礼儀正しく接することができるようになった」など、自身の小さな変化（成長）を見つめるだけで充分です。それができるようになれば、昨日よりも成長した今日の子どもの姿に自然と目が行くようになるでしょう。それが子どもを伸び伸びと育てることにつながると思います。

指導する側にこそ自己認識が必要

私の専門であるコーチング分野では、コーチが身につけるべき能力を４つの枠組みで説明しています。

> ❶プロフェッショナル（＝専門的能力）
> ❷インターパーソナル（＝人間関係構築能力）……他者と良好な関係を築く上で必要な伝達力、質問力、共感力など
> ❸イントラパーソナル（＝自己認識能力）
> ❹フィロソフィー（＝自身の哲学）

これまでの経験から、すべての土台となるのは、３つ目のイントラパーソナル（＝自己認識能力）だと私は考えています。「自分のことを正しく理解することが大切なのです。」でも、これは簡単そうで案外難しい。学校や会社ではその正しいやり方についてほとんど教えてくれないからです。

イントラパーソナルを高めるには、自己の観点から自分を理解する「内的自己認識」と、他者の視点から自分を理解する「外的自己認識」の2つが正しく行われる必要があります。自分を正しく理解にするには、内面から見える自分の姿を知るだ

けでは不充分で、まわりから自分がどう見られているかも知らなければいけないのです。そうやってそれぞれの視点に目を向けることで得た「気づき」が、自分自身を変えるきっかけになってくれます。

これは、私がスポーツや教育、ビジネスの現場を問わずに大切にしていることです。リーダーが変わることで組織が変わったり、親の姿勢が変わることで子どもが変わったりするのもこれと同じことだと思うからです。

一旦他者の視線で自分を見つめ直してみる。外的自己認識を高めて歪みを修正していく。こうしたプロセスを経て、リーダーは自己を成長させます。その結果、チームも成長することができる。すべての出発点は「正しい自己認識から」です。

ところが、一般的にはわかりやすいテーマ――結果や成果、勝利や戦略、スキルやナレッジなど――が注目を集め、自己認識＝「自分を知る」ということはあまり重要視されてこなかったように思います。それは、人が求める「答え」や「重要なもの」というのは、自分の外側にあると考えてしまうからなのかもしれません。

「自分を知る」ために自分に目を向ける。そのときには、自分の視点と他者の視点、両方の視点で自分を見ていくことが重要です。自分のことはよく見えないからこそ、他者からの視点が必要不可欠だし、それを恐れずに自分に正直であり続けることで、自己認識が高い状態になり、その結果、幸福度も高まります。

自分は何者なのか。それをいろいろな視点で徹底的に考えていくことで、「自分の考えはこれでいいのか」、「これからどう行動していけばいいのか」が見えてくる。そうやって向き合い続けていくことで、自分もまわりも変わることができるのです。

コックニーの青年の旅——自己と他者への理解

ロンドン下町っ子と呼ばれるコックニーの青年は、同じロンドンに住む人から、「あなたは何者か?」と尋ねられると、誇りを持って「私はコックニーだ」と答えた。

そんな彼が同国オックスフォード州を訪れ、「あなたは何者か?」と問われると、「ロンドン人だ」と答えた。さらに彼はフランスに渡り、同じ問いに「私はイギリス人だ」と答えた。同じようにアジアに行けば「ヨーロッパ人だ」と答え、将来、宇宙を旅して違う星の人に尋ねられたら、「私は地球人」と自らを紹介するだろう。

言うまでもなく、「彼」は同じ人。つまり、彼は出会う人ごとに、自己(アイデンティティ）を変化させるのだ。自分の存在とは己だけで成り立たず、他者と向かい合うことによってはじめて確立される。

これは、約20年前、私が英国レスター大学大学院に留学しているときに書いたエッセイの一部です。

これまで多くのビジネスリーダーやスポーツ界のトップコーチなどと仕事をしてきて気づいたことがあります。それは、社会的地位が確立された彼らでさえ、「私の存在価値って何だろう？」、「私は本当に役に立っているのか？」、「私は一体何がやりたいのか？」と、自問を繰り返していることです。人というのはそれくらい、自分について悩むものなのだと思います。

誰でも一度は、「なぜ私のことをわかってくれないのだろう」という思いを抱いたことがあるでしょう。相手に苛立ったとき、相手を苛立たせたとき、孤独を感じたとき、真意が伝わらずに誤解されたと感じたときに、「もっと〝ちゃんと〟本当の自分を理解して欲しい」と思う。これは人間に組み込まれた自己の承認に対する欲求で、ホモ・サピエンスが作り出した、生きるエネルギーの源でもあります。

だから、「本当の自分をわかってもらえた」と感じた瞬間、恋人同士なら「愛」が、仲間同士なら「絆」が、組織なら「信頼」と「忠誠心」が芽生えたりするわけです。他者から自己を理解してもらうことで、いかに大きなパワーが生み出されるかを、私たちは経験的に知っています。

「本当の自分」を自らが知ることと、「本当の自分」を他者に知ってもらうこと。前者は自己と向き合う内なる問いであり、後者は外側に向けた問いです。

いずれも「本当の自分」を理解することを目指していますが、コックニーの青年のように、自己は他者との関係によって変化するのだと考えれば、**内なる自分を理解するためにも、それと同時に自分を取り巻く他者を正しく理解することが不可欠です。**自己の理解と他者の理解は、切っても切り離せない関係だと言えます。

「自分らしさ」について知る

好き嫌い、得意不得意だけじゃなく、物事や人への向き合い方、スピード感なども、「自分らしさ」を構成する大きな要素です。

私はそれがどんな態度であっても、人を傷つけたり大きな迷惑をかけたりするのでなければ、個々が持つ「自分らしさ」として尊重します。そうでなければ、誰もが画一的な状態を目指すことになってしまうからです。

仕事や勉強に向き合う姿勢について考えてみましょう。

●一点集中なのか、さまざまなことに手を広げるのか
●論理的に考えるのか、情熱や思いやりを大切にするタイプなのか
●未知へのチャレンジが好きか、過去を振り返ることによってそれを形式知化することが好きなのか
●何かに集中したら他のことが目に入らなくなるのか、常にバランスを重視して全方位に気を配りながら進めるのか
●仕事優先なのか、プライベート優先なのか

このとき、「自分はどんな状態だと一番ストレスが少ないか」を考えるのです。
子どもを観察するときは、テスト勉強の仕方などを見てもいいと思います。5教

科すべてをまんべんなく勉強し、それぞれをアップさせることに向いている子もいれば、まずは1教科だけ集中的に勉強して、そこで勉強の仕方を身につけたり、勉強の楽しさを理解したりすることで、ほかの科目もそれに追随してアップしていくという子もいるでしょう。

では、人への向き合い方、上司や部下、同僚、先輩、友だちに対する態度はどうでしょうか。

●誰に対しても分け隔てのない態度か
●上司には弱くて部下には強いのか、その逆なのか
●誰とでもうまくやっていけるのか、トラブルを起こしがちなのか
●年下の子と遊ぶことが多いのか、年上の子と遊ぶことが多いのか
●同級生としか遊ばないのか
●男の子と遊ぶことが多いのか、女の子と遊ぶことが多いのか

これらもすべて「自分らしさ」です。もし、物事への態度と同様、他人とトラブ

ルを起こしがちだとしても、そのトラブルがゴールへのこだわりや純粋な思いに起因しているのなら、やはり大切にしなければいけないと私は思います。
物事や人への向き合い方によって起こるトラブルは、イメージがしやすいと思います。その失敗を折り込みながら、自分らしく生きていく方法を探すのです。

自分との向き合い方、振り返り方

過去をうまく振り返り､気持ちや捉え方を転換する力をつけるために､私は「グッド／バッド／ネクスト」というフレーミングを選手たちにもコーチたちにも使ってもらっています。漠然と「振り返ってね」と言っても、なかなかうまく振り返れないものです。練習や試合では、「グッド／バッド／ネクスト」をそれぞれのポジションで書いてもらい、みんなで共有します。このようにフレームを使うことで意識のレイヤー(層)が一緒になる。すると、議論の焦点が絞りやすくなります。

このフレームを使うときは、「グッド」から出すことが重要です。どんなに負けた試合でも、過程がすべてダメだったというのは少ないのです。最後の一手が失敗だった場合もあるわけで、そこをきちんとチームで認識することが大切です。

ラグビーは、試合中の会話がとても多いスポーツです。選手同士がコミュニケーションをとって細かく戦略を共有していく必要がある。監督は常に観客スタンドにいて、選手に直接指示を出しません。代わりにウォーターボーイが監督の指示を伝えることもあります。したがって、選手同士が試合中に、「これよかったよね。でもここが悪かったよね。次こうしようか？」と要点だけを話せるようになると、コミュニケーションの質が上がり、戦術の共有もうまくいきます。

ちなみに、悪かったことはわかりやすいのですが、「どこの過程まではよかったのか」などは、振り返ることに慣れていないとパッと出てきません。試合中に何がよかったのかを見失うと、そのよさをうまく活かしきることができません。的を絞れていない「次はこうしようか？」は、質が低いのです。

試合中の振り返りの質が低いと勝つのが難しい。だから、**普段から「いい振り返り」ができるようにトレーニングしておくことです。**

これは、試合やコート以外での練習でこそ伸びるという事例です。次章で改めて触れますが、ラグビーの世界で主流になってきた「off the field（オフ・ザ・フィールド）」

を大切にするという考え方に通じています。

高濱タックル

勝ち負けの結果じゃなく、過程にしっかり目を向ける。それは必ず「力」になります。勉強も同じで、やりっぱなしのままや、テストの成績だけに一喜一憂しているだけでは伸びない。できなかった問題に注目し、できなかった理由を明確にし、今後に生かすべき教訓を抽出して書き留める「復習ノート」が大事です。

解けなかった思考力問題の、どういう発想が思い浮かばなくて自分は突破できなかったのか、今後どういう視点で発想すれば解ける可能性が開けるのかを、きちんとノートに書き留めていくのです。量だけやって振り返らない人もいますが、良質な振り返りほど大切なものはありません。その復習ノートは、自分だけの世界で唯一の宝物になります。

たとえば、私の教え子で、東大の理系や医学部にいった女子たちがいます。あえて「女子」という意味は、一般的に高3段階

まで来ると、物理や数学を得意とするのは男子のほうが多いという傾向があるからです。

その女子たちになぜ最後まで数学を得意でいられたのかと聞いたところ、異口同音に言ったのは、「復習ノートをやっただけです」という言葉でした。思春期は恋やスイーツや部活やおしゃべりなど、心を奪うものが溢れている中で、やるべき復習ノートを徹底してやった人たちが、数学で成果を上げているのです。

学力の伸長で見た場合でも、振り返りができるかどうかは、大きな学力差につながります。何ができなかったかを明確にし、次への教訓を煎じ詰めた言葉で残す。つまり一問の失敗を次に生かすという学習方法を地道に実行できる子が大きく伸びます。それは時として、生まれ持った能力差すら乗り越えるパワーがあります。しっかりと自分に向き合い、自分の課題に直面し、一歩一歩克服していくということは、勉強においてもスポーツにおいても重要なのですね。

ちなみに、フレームワークは興味深く、考えを進める枠組みをコーチが提示してくれることに価値があると思います。特に、最初にグッドがあることに意味があるなと感じました。

「損得」よりも「好き嫌い」で選べば力を出せる

大人になると好き嫌いを言わなくなります。そんなに語る場面は多くないし、言っても「いいことがない」とわかっているからでしょう。

しかし、私は逆にこう考えます。たとえば、会社で戦略を決めるとき、「この戦略をやりたいかどうか」が重要だと思うのです。言い方を変えると、**「好きか嫌いかで判断していい」**ということです。

一般的には、「この戦略をやりたいかどうか」よりも、「結果が有効か否か」という視点で選ぶはずです。しかし、「好き」で選んでいくと、その過程や理由はどうであれ、「結果として有効になっている」という状態になることが往々にしてあるように思うのです。

20年来の知り合いである一橋大学教授で経営学者の楠木健《くすのきけん》さんは、「好き嫌いで経営している社長のほうがうまくいっている」と言います。

高みを目指せば目指すほどライバルが多く、簡単にはうまくいかない。そういう状態では、「この方針でいくぞ！」という決め方をするときに、「うまくいくか否か」、あるいは「儲かるか儲からないか」よりも、「コレは好きだからやるんだ！」と決めたほうが粘れると言うのです。

好きだからやるモチベーションと、「好きで選んだのだから、成功させないと次に好きなことができなくなる」という思いもあって、結果的に**「好き」で選んだほうが、エネルギーがめちゃくちゃ出る**ということのようです。

経営としてギリギリのラインにあり、撤退するか突き進むかを選択する重要な局面。どちらにしてもエネルギーを使うことに間違いはない。そうであれば、自分の「好き嫌い」の感情にしたがって決めたほうが、パフォーマンスが上がるということ。まさにラグビーでも同じだなと思いました。

「好きだから反対されてもやる！」

そう決めたことは、粘ってやるものです。あなたもそうではありませんか？

これは子育てのいろいろな場面でも応用ができることではないかと思います。

自分の「好き」を言葉にしてみよう！

以前、私は日本代表の監督代行をしていた時期がありました。そのときには、チーム全員に人前で「自分の好きなプレー」を発表してもらいました。

日本代表になるような人でも、意外なことに、「オレの好きなプレーって何だろう？」と迷う人がいます。日本代表レベルだし、こちらが選んでいるわけですから、その選手の得意なプレーはわかっています。選手同士にしても、「こいつのこのパスはすごい！」みたいなのは共通認識としてある。ところが、「こいつが本当に好きなプレーって何だろう？」となると、みんな知らないんです。チーム・ビルディングの初期にそれをやったのですが、これはじつに面白かったですね。

アタックもすごくて、ランもする攻撃型の選手が、「みんな信じられないかもしれませんが、タックルとジャッカル（タックルで倒れた選手からボールを奪うプレーのこと）が好きなんです」とか言うのです。そう言われてみると、確かにそういうプレーは多いし、そこにチャレンジしていることもわかる。でも、ついつい印象的なプレー、得意なプレー、目立つプレーのほうに目が行ってしまうものなんです。そういうものだから、本人も好きなプレーなんて言えないんですね。

あるとき、日本代表の選手たちに聞いてみました。

「好きなプレーを人前で話したことある？」

「いや、ラグビー人生で一度も好きなプレーを語れと言われたことはないし、語ったこともありません」

私は、「せっかく日本代表になったんだし、オレみたいな代行監督は次の監督までのつなぎだし、今回は若いメンバーを選んだ。こんな日本代表の期間なんてまずないんだから思い切ってやろう！　踏み台にするくらいの感じで、好きなプレーを伸び伸び伸びやろう！」と言ったら、みんなが「そうですね！」みたいになりました。

最初の発表のときに、好きなプレーが出なかった選手もいたし、好きなプレーが途中で変わった選手もいます。要するに「自分が本当に好きなことは何か？」と考え出すんです。いきなり聞かれたから答えたけど、自分は本当にそう思っているのだろうかと。

「あのときは聞かれてこう答えたけど、本当はこのプレーが好きでした！」

「おっ、いいね。それはまたみんなに言おうよ！」

そのときから、お互いに好きなプレーのことを語り合うようになって、コミュニケーションの仕方が変わり、チームの雰囲気も変わったのです。「こいつは、キックが得意だからキックさせよう！」ではなく、「こいつはキックが好きだからキックやっていいよ！」に変わった。

「好き」を共有していると、その選手にそのプレーをしてほしくなる。「お前これ得意だよね、これやっておいて」ではなく、この試合のこの場面、「お前このプレー好きだよね、どうぞ！」と、チャンスのあげ方が変わってきた。そのプレーが出ると本人も嬉しいし、まわりも「いいね！」と楽しくなる。

学生や高校生のラグビーを始めたばかりの頃だと、「好き」を優先させるというのはあると思いますが、トップまで行くとなかなかできないことなので、原点回帰もやるべきだと思いました。実際にみんなが活き活きとしましたから。

これは「自分らしさ」という意味と、それを言語化して共有するということが合わさった好例だと思います。

高濱タックル

相手の好きを知ると、「好きならやらせてあげよう！」と、愛溢れる行動を自然ととれるから不思議ですね。相手を知ることで自然と愛着が湧きますし、もちろん、好きなことを語っていると自分自身もやる気に満ちてきます。そういう意味で、「好きを語る」、「好きを共有する」というのは最強のチームワーク作りかもしれません。

花まるでも言語化には特に力を入れてやっています。社員は毎日、授業でのエピソードや気づきを拾って日報に書きます。それは自分が何に興味関心を持っているかということに気づくことなのです。そうしていくと自分自身が磨かれるし、自分が世界の中でこのエピソードを選んでいるのだということがわかるようになる。それを毎日続けていくと、段々と自分の視点というのが定まってくる。それを月1回のコラムにすることによって、会員の母親を魅了することにもつながります。そのコラムを読んでくれた仲間が、「結構小さいとき大変だったんだね」と理解してくれたりして、そうなると全方向に対して愛と理解が深まるんです。こ

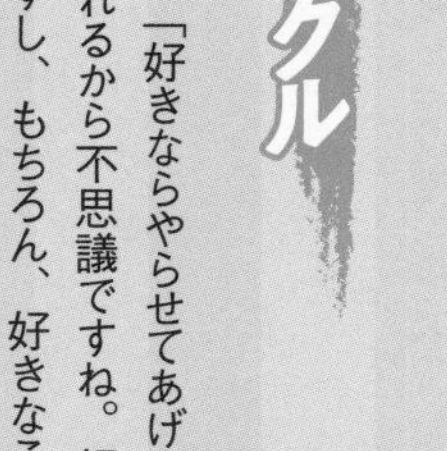

れは言葉を使った、社会人としての力をつけるためのトレーニングだと言えます。

「好き」と「得意」は分けて考える

前述した通り、「好きこそものの上手なれ」が基本。好きなことであれば、人はそのゴールを想像してワクワクし、意欲的に頑張れるし習得も早い。

でも、「下手の横好き」という言葉もあります。いくら本人が好きでも、長い時間をかけたのにさっぱり伸びないなら、勝ち負けの決まるチームスポーツでは活躍できない可能性がある。とはいえ、「好き」を知ることは「自分らしさ」を見つける上で重要なので、「好き」に溺れることなく、自分をどれだけ俯瞰して見られるかが大切になってきます。

気をつけたいのは、**「好き」と「得意」は似て非なるもの**だということ。

本人にとっては得意なことでも、じつはそれほど好きじゃない場合や、取り組むのにストレスを感じてしまうことがあります。親の希望でずっと塾に通っていて数学が得意になったけれど、実際にはそれほど本人は好きじゃない、というような場合です。こんな人が「得意」という理由で大学の数学科に進んだら、数式三昧《ざんまい》の日々に辟易《へきえき》してしまうかもしれません。

「好きなことでも、得意なのか、向いているのか？」
「得意なことでも、好きなのか、向いているのか？」

こうした視点を持つことは大切です。

「好き・得意・苦手」を理解することの意味

強いチームというのは、仲間同士がお互いの「らしさ」や、「好き・得意・苦手」を理解しているものです。

早稲田大学のラグビー部に林という選手がいました。林の運動センスは、同じく運動センスのない私もビックリするぐらいのレベルの低さでした。ボールを取ろうとしても落とすし、味方のサポートをしているだけなのに一人で勝手に転んでテレビ画面から消えたりする。まるで漫画みたいな失敗をたくさんする選手でした。

でも、林だけが1年間全試合に出場しました。背番号8は、彼の不動のポジションでした。なぜなら、彼には強烈な武器があったからです。それはタックル。これがすごかった。どんな大きな相手でも、ひるまずに向かっていきます。

でも、その武器を彼が最初から持っていたわけではありません。ほかのことができないから、一切の練習をタックルに注いだ結果、強烈な武器になったのです。

私は林に、冗談ではなく本気で「ボールに触るな」と言いました。最初、林は意味がわからないという顔つきでした。それもそのはず、誰だってラグビーをやっていて楽しいのは、ボールを持って走ることだからです。それなのにボールに触らないでどうやってプレーするんだろう？と不思議がっていたのです。

「ラグビーは15人でやるスポーツだ。林が一人でやっているわけではない。林には林にしかできないことがある。そこを徹底してほしい」と私は言いました。

じつのところ、「僕はどんなプレーでもできます」という選手のほうが、使い道を見つけるのに困ることがあります。**凸凹は、でこぼこしているからこそ、がっち**

りと組み合わさることができるのです。

林の弱点は、チームメイトたちもよくわかっていました。だから、林がボールの近くにいてもボールを回しません。ところが、相手のチームはそんな事情を知らないので林をマークする。そうすると、うまい具合にダミーになって、相手のマークを一人つぶすことができる。味方はみんなわかっているから、「あうん」のサインプレーが成り立つ。一方で、林が万が一ボールを持ってしまったら、全員で必死にフォローしようとするのです。

守りに入ったときには、どんな大きな相手が来ても、林は一発のタックルで倒すことができます。１００kgを超える敵のエースがボールを持ったら、普通なら二人がかりでタックルしなければならない。しかし、そこに林がいれば一人で充分です。そうすると、味方は次の選手へのマークを意識することができます。ここでも暗黙のサインプレーが生まれました。

人は嫌いなことに向き合うとストレスを感じ、嫌いなことを人前でやるときなどは過度のプレッシャーにさらされます。なかには、「イヤなことを克服してこそ成長する」などと言う人ももちろんいますが、そういうタイプの人は、おそらく誰よりも負けず嫌いで、もしかしたら過去に弱点を克服して成長できた経験を持っているのかもしれません。しかし、多くの人にとって、ストレスや無駄なプレッシャーは失敗する確率を上げ、結果的に取り組む意欲を削いで成長を阻む要因になるでしょう。

でも、**「嫌いなこと、不得意なことに焦点を当てる」ことで、それが「その人らしさ」につながる可能性もある。**林のように。彼は自身の欠点を逆説的に活かしました。

自分の「好き・得意・苦手」を知りましょう。するとその延長線上に、それまで自分には見えていなかった「コンプレックス」があることに気づくかもしれません。もし、自分の子や職場の部下の行動などに対して、イライラしたりヤキモキしたりすることがあるとしたら、それはあなたが気づいていなかった、あなた自身のコンプレックスの裏返しなのかもしれません。

原因は相手ではなく、自分のほうにあるかもしれない——そのことに気づけなければ、状況を変えることはきっと難しいでしょう。自分の「好き・得意・苦手」を知ることは、その最初の一歩になると思います。

高濱タックル

親自身のコンプレックスを子どもに投影してしまうのはよくあることです。自分が学歴にコンプレックスがあると、「この子だけにはそういう思いをさせたくない」と考えて、受験に熱を入れすぎてしまい、なかには、子ども心を潰してしまうこともあります。ですから、自分ができなかったこと、後悔していること、コンプレックスに思っていることには注意が必要です。

コンプレックスは自覚できるので、まだ気をつけやすいと思いますが、無自覚な「心残り」や「わだかまり」を子どもにぶつけている場合は、気づくのが難しいかもしれません。子どもに対して、「これがどうしても思い通りにいかない！」とイライラしてしまう

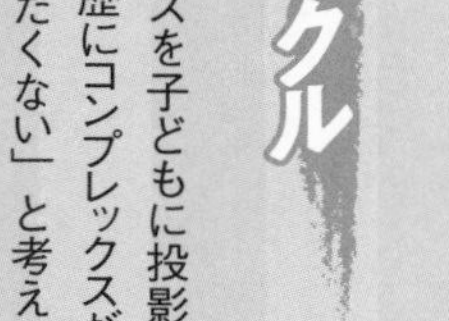

ことがあるとしたら、一度ご自身と向き合ってみるといいかもしれません。

子育て中は、何かと子どもに「○○させよう」としてしまいがちです。それよりも、自分自身をわかることのほうが、子どもを導く近道なのかもしれません。それが「背中を見せる」ということなのだと思います。

「インナードリーム」という考え方

好きなこと、やりたいこと、夢はたくさんあっていい。たとえそれらが矛盾していても、私は別にいいと思うのです。大切なことは、それらに対して自分がどんなふうに感じているのかをちゃんと理解することだと思っています。

私はよく、「リスタートしようね！」と言います。何かがうまくいかない、やれなくなってしまったとしても、リセットボタンを押して、もう一回スタートすればいい。この方法がうまくいかなかったら、別の方法でやってみればいいし、やっぱりあの方法がよかったと思ったら、また戻ればいいのです。

ここで私が言いたいのは、**どのような手段でもいいから、日々自分にスイッチを入れられるようにしておくということです**。

そこで私は、ある心理学理論に基づき「インナードリーム」という概念を作りました。インナードリームとは、いつでもワクワクできる自分自身の行為そのもので、世界で活躍するアスリートなら誰もが持っています。要するに、インナードリームというのは「人が喜びを感じる要因は自らの中にある」というものです。その反対がアウタードリームです。

たとえば試合に勝ったとき、優勝して「おめでとう」と言われたときに、人は喜びや嬉しさを感じます。これらは外的要因によって喜びを感じているのでアウタードリームです。インナードリームは、練習でも試合でも自分の好きなプレーができたかどうかがポイントで、**これだと勝った負けたという結果に左右されません**。

陸上でいい選手は、「スタートのあの感じが好き！」といった、レース結果にかかわらないインナードリームを持っています。それは練習をするたびに感じられ、再現性もあるので、そのたびに喜びを感じ、その結果、自然と成果も上がります。

アウタードリームだけに喜びを求めてしまうと、試合は毎日ないし、勝てなかったら喜びや嬉しさを感じられないし……ということになるわけです。

私は選手にインナードリームを聞くようにしています。

「このプレーをやっていると快感がある」

「このプレーが大好きだ！」

そういうものがあると継続しやすいし、リスタートもしやすい。日々のスイッチを押しやすいのです。これは、ビジネスリーダーのトレーニングでも取り入れています。仕事の中でのインナードリーム探しです。見つけた人は自分らしく振舞えるようになるのでお勧めです。

自分のインナードリームの幸せに向かって没頭を繰り返していると、他者の目が気にならなくなるという効果もあるので、他者の目を気にしないようにするトレーニングとしても有効です。

他人と比べず、自分らしさを貫く

私は、２００６年に早稲田大学ラグビー蹴球部の監督に就任しました。周囲から大きな期待を背負っていたのは言うまでもありません。

しかしそのときの私は、１９９７年に大学を卒業後、英国留学を経て帰国してからシンクタンクに勤務、約10年間ほとんどラグビーに触れていませんでした。

そんな私の前任者は、カリスマ監督として知られた清宮克幸《きよみやかつゆき》氏。

「清宮監督のように明確な戦略・戦術を打ち出し、自分たちを勝利に導いてほしい」

選手たちからのそんな期待を私は一身に受けたのです。

彼らの期待に応えようと、ビデオで清宮監督がやっていた練習法を研究し、それを取り入れました。でも、清宮監督と同様の練習によって選手を満足させることができたのはほんの一瞬のことで、練習を始めて5分10分経つと、選手たちの中から、「清宮監督はもっとどこが悪い、こうしろとズバッと指摘してくれたのになぁ」という声が聞こえてきました。ところが、私はシロウト同然の監督だったので、清宮監督のような的確なアドバイスなど、そう簡単にできるわけがありません。

私は迷い続けました。どうしたら彼らの期待に応えることができるのだろうかと。そしてある日気づいたのです。そもそも私のゴールは、彼らの期待を満足させることではないのだということに。私にとってのゴールは、チームを大学選手権勝利に導くことであり、そのために彼らを成長させることでした。そう、彼らの期待と私のゴールがそもそもズレていたのです。

彼らの期待に応えようとしていたときは、「いい監督と思われたい」、「指導者として評価されたい」という思いがあったかもしれません。

ここで言えることは、**「他者と比べても幸せにはなれない」**ということです。自分らしさをしっかりと持ち、自分らしさを大切にしていくことで、自分が目指す成功に近づくことができるのです。

そのことに気づいた私は、まずは選手たちの期待には応えないことにして、「自分らしさとは何か?」について再確認することにしました。そして、それをもとに私のチームマネジメントのスタイル（自分らしさ）を伝えました。

この期待とゴールのズレは子育てでも起こることだと思います。まずはご自身について考えてみてください。自分自身を一生懸命、間違ったゴールに合わせようとしていないか。自分らしさを失っていないか。母親であれば、ママ友の目や評価、誰かの期待を気にして自分らしさからかけ離れた努力をしていないか――。

何かうまくいかないことがあったとき、原因を外に求めるのではなく、自らに向けて問いかけ、振り返ってみることはとても大切です。

もう一つ付け加えておくと、私が他者の期待に応えようとしていたときもそうですが、人は自信をなくしたり、スランプに陥ったりしたとき、自身が思い描く役割というか、肩書の〝らしさ〟に頼ることが多いと思います。

私も、「みんなが認めるいい監督らしさ」ということについて考えては迷っていました。でも今にして思うと、そのほうが失敗したときに、「自分はいい監督らしくやったんだ」という言い訳ができる。つまりは「ラク」なのです。

高濱タックル

中竹さんのおっしゃる通り、これはそのまま「親子のあり方」に使える話です。子どもを育てていてぶちあたる壁というのは、親自身の承認欲求を満たすための、子どもへの期待とそのギャップです。もちろん、親の期待と子どもが思っているゴールが違うということも考えられます。

これが他人同士であれば、「期待とゴールが違うと苦しいよね」などと、比較的客観視ができるものなのに、わが子というだけでそのギャップが見えなくなってしまうのですから、なんとも厄介です。もっとも、だからこそうまくいったときに得るものも大きいのですが。

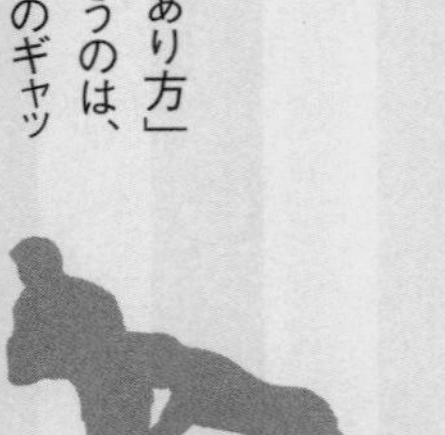

弱さをさらけ出すことを恐れない

自慢ではありませんが、私はたくさんの失敗をしてきました。まず早稲田大学ラグビー部監督になった1年目、大学選手権の決勝戦で負けました。そのときは、「私のせいだ、中途半端だった」と思いました。その反省もあって、2年目からは1on1（ワン・オン・ワン／定期的に一対一で話し合うこと）を格段に増やして、選手たちの話をじっくりと聞くことに徹しました。特定の選手だけではなく、スタッフを含めた全部員とです。人はそれぞれの可能性を持っているので、その人なりの力を出してほしいと考えてのことでした。

思い起こせば、前監督は強烈なリーダーシップでチームを引っ張っていました。そこから突然、「自分たちで考えて！」というスタンスの監督に変わったわけですから、就任1年目は難しい部分があったと思います。なにしろ、自分で考えることを求められなかった人間にいきなり考えろと言ったって、それは簡単なことではありませんから。そのお膳立てが自分にはちゃんとできていなかったな、という反省がありました。そういう思いが強くて、1年目で負けたときには、人目もはばからずに初めて泣いて謝りました。

2年目は覚悟を決めなきゃいけないと思い、相手の話に耳を傾けながら、自分からも要望を出すようにしました。

「私は、いわゆる監督としてはまったくの素人でダメな監督だ。しかし、選手であるみんなを信じて、任せて、一緒に成長していく気持ちは誰にも負けない。だから、君も背伸びをせず、自分らしく一緒に成長してほしい」

そんなふうに、ひたすら言い続けました。そうしたら、選手のほうがどんどん成長して、最終的には「俺たちが監督を胴上げしてやる！」となりました。

面白かったのは、監督就任3年目に私がメディアから叩かれた時期があって、私ではなく選手たちが、「メディアごときに言われたくないよ」と怒ったことです。

彼らは普段から私の悪口をたくさん言ってるんですよ（笑）。それなのに、「オレたちが言うのはいいけど、あいつらに言われるのは腹が立つ。こうなったら監督を勝たせてやろうぜ！」という発言が出たんです。そのときに、「あ、これってチームだな」と思いました。

私は、背伸びせずよかったなあと思いました。正直、1年目は選手たちとそこまで深い関係性を築くことはできませんでした。2年目に優勝したときには、1年目をともに過ごした選手たちにひたすら感謝しました。1年目の経験があってこその優勝だと。

相手を信頼できるのであれば、恐れずに自分らしさをカミングアウトしてみたらいいと思います。

逆境を活用する

逆境とはどういう状態のことを言うのか。逆境とは何を教えてくれるのか。

世の中で起こっているすべてのことは、「事実」と「解釈」という2つの考え方で分けることができます。

物理的に起きてしまった「事実」は変えることができません。しかし、起きてしまった事実に対する「解釈」なら、変えることができます。

過去の失敗という事実は変わらないけれど、その失敗を「おかげ」にするか「せい」にするかは、あとの解釈＝捉え方によるということです。

逆境や挫折を、成功へのきっかけに変えるような想像ができれば、そこから最高の「挑戦ストーリー」を作ることができます。


私が早稲田大学ラグビー部の監督に就任した1年目に、部内である事件が起きました。夕方の練習を終えて、私がいつも通り車で帰ろうとしていると、ラグビー部の部員の一人が車に向かって、「中竹死ねー！　辞めろー！」と大声で叫んだのです。

幸か不幸か、私はエンジンをかけると同時に車内で音楽をかけていたので、その雄叫びにはまったく気づきませんでした。

しかし、実際にその罵声を聞いた部員やコーチスタッフは多く、即座に部内で混乱が広がりました。チームの代表である監督に反逆するような態度をとった部員は退部か休部……それが組織上の暗黙の掟《おきて》となっていたからです。

しかし、私はこの状態をチャンスだと感じました。この事件で、逆にチームがまとまる――そんなストーリーを思い描いたのです。だから、怒りや悲しみは吹き飛んでしまい、むしろとてもワクワクしました。

翌々日、彼を会議室に呼ぶと、驚くほどふてぶてしい態度で入ってきました。胸を大きく反らせて、腕組みをして、このまま殴りかかってくるのではと思うほどでした。彼は開口一番こう言いました。

「オレは辞める覚悟で来ました。みんなの意見を代弁します」

私が練習や試合での選手たちのプレーを見ないで選手の入れ替えを行っていること、寒い日は練習中すぐに監督室へ帰ってしまうこと、雨が降ると試合を見ないことなど、いくつかの事例を挙げたのです。私は「やっぱり」と思いました。だから、彼の言いたいことをすべて言わせ、最後にこう尋ねました。

「それはお前が直接見たことなのか？」

彼の表情が変わりました。それは全部、彼が人伝えに聞いた噂だったのです。

「オレは、お前が見ていないと言った試合は全部見ているぞ」

その試合の展開やそのときの選手のプレーについて、私は細かく説明をしました。さらに、「それだけでなく、最近のお前のプレーから態度まですべて鮮明に覚えている。なぜなら、お前のことがすごく気になってしょうがなかったからだ。なんて声をかけようか、ずっと考えていたんだよ」

気がつくと、彼は泣きじゃくっていました。私は言いました。

「オレは全体ミーティングのときに、何か不満や意見があるなら直接言ってきてくれとお願いした。一対一で話を聞くからと。それなのに、お前は陰口を叩いたり、歪んだ形で反抗的な態度をとったりした。そんなお前は男らしくない。監督に反抗したことじゃなく、その男らしくない態度がオレには許せない」

その後、高校時代や家族の話、就職の話などをするうちに、二人の間の誤解が解けて信頼の絆が生まれていきました。

「さて、これからのお前に何ができる？」

彼は即座に、私に対して彼と同じように思っている部員の誤解を解くと約束してくれました。翌日、彼はこの一件について部員全員の前で謝罪しました。結果としてこの事件が起こったことによって、部内の雰囲気はよい方向に向かったのです。

逆境にはチャンスがある。逆境があるからこそ、それをバネにしてすべてをひっくり返せるようなストーリーを描くことができるのです。

「自分らしさ」の話に戻ると、自分らしさがわかっていると、じつは逆境になったときの対処法を事前に考えておくことができます。

自分らしさがわかるということは、自分の得意不得意、好き嫌いがしっかりとわかっているということですから、そうしたタイプの人が陥りやすい逆境、失敗しそうなことやその原因をあらかじめ想定することができるのです。

それはどういう状態のときに起こりそうか。忙しいとき、体調が悪いとき、苦手なことをしているとき、不本意なことをやっているとき、人間関係がうまくいっていないとき、無駄に時間の余裕があるとき、仕事がうまくいきすぎているとき……などの予想がつくはずです。

そうなったときの対処法、戦略で言えば二の矢、三の矢を考えておくと、いざ逆境を迎えても、落ちついて対処ができます。

「自分らしさ」を見つける方法

ここまでの内容も加味して、「自分らしさ」を見つける方法についてまとめます。

■自信が持てたこと、やっていた遊びを思い出す

自分らしさが見つけられない人は、他者の評価に依存していることが多いかもしれません。**自分のよいところや得意なことを、自分自身の物差しで測るより、他者に認められることのほうが優位だと勘違いしてしまうからでしょう。**自分ではここが強みだと思うけれども、他人がどう思うかはわからない。他者に認めてもらってこそ自分の強みだ――そんなふうに考えていると、本当はしっかりとした自分らしさを持っているのに、それが自分らしさであると確信できないのです。

仕事全般で自信がない人でも、電話対応は得意だとか、リサーチなら誰にも負けないとか、追い詰められたときの火事場の馬鹿力には自信があるとか、高齢者の応対なら任せてくださいとか、ある分野、ある瞬間、ある人の前では自信が持てるという領域があるはずです。そのことを意識してみてください。

そうした仕事の面ではいいことが思いつかないという人は、昔やっていた「遊び」を思い出してみてください。遊びは誰かの強制でやるものではなく能動的にやるものなので、そうした遊びの中に、今のあなたの「好き」なこと、得意なこと、苦もなくできることの原点があるのではないでしょうか。

自分を100％受け入れてくれる人を作る

私自身の経験を振り返ると、**たとえ短所がたくさんあっても、自分の存在をまるごと肯定してくれる人に出会ったことで人生が変わった**と思っています。

私は大学時代に、「メンバーそれぞれの自律を重んじ、個性を発揮することで勝利を勝ち取る」という、リーダーとしてのスタイルを確立しました。それは、大学時代のラグビー部の同期たちが、私のいいところも悪いところもすべて受けて入れてくれたからです。だからこそ、私が自分らしさを発揮せず、いわゆる世間で言うところの「リーダーらしさ」に流されて物事を決めたときには、厳しくそれを指摘してくれました。

「お前はお前らしくやれ！」

この言葉が、私らしさを貫く原動力になったのです。カメはカメでいいし、ウサギはウサギのスタイルでいいのだと。**カメはいつかウサギになることを夢見て、必死に速く走ろうとしなくてもいい。カメはカメの強みを活かした分野で活躍すればいいのです。**

そんなふうに心から思えるようになれば、自分らしさを見つけたり、自分らしい人生を送れたりしやすくなるのではないでしょうか。

■振り返りの習慣をつける

スポーツで言えば、「なぜ達成できたのか、できなかったのか」、「どこがよかったのか、悪かったのか」を明確にするための振り返りがその人の成長を左右します。同じ目標に再チャレンジするにしても、さらなる高みを目指すにしても、成功するためには何を同じようにやり、何を変えるべきなのかを知る必要があります。

スポーツの場合はゴールが見えやすいため、それを通して「自分らしさ」を見つけることも比較的容易ではないかと思っています。

自分らしさが見つからない場合には、日常の振り返りを粘り強く続けることが大切です。今日の出来事を振り返り、自分はどんなことを好きだと思った、どんなことをイヤだと思った、得意だと自覚したことは何だったか、不得手だと感じたことは何か、それは他者の評価を気にしてのことなのではないだろうか……などと、自問自答することで、自分らしさが見えてくるのではないでしょうか。

高濱タックル

教育の現場でも、入試に落ちたとか、望む成績が出ないとか、部活で試合に負けた、補欠になったなど、うまくいかないときの心の運用みたいなものが人生に差をつけているなと思います。

悲劇のヒロインになって愚痴ったり嘆き悲しむだけの人と、それならそれでとベストの行動をする人、もっと言うと逆境を楽しみだす人との違いは、つまるところ、家庭での育ちにいくなと思います。１００%受け入れるというポジションをとってくれる親がいる子は、その辺が強い。これしなさい、あれしなさい、点数が落ちたとか親自身が気にする家庭のところは伸びないな……と思います。核心部分ではないでしょうか。

言語化することの意義と「ディシジョン・トレーニング」

ラグビーは、「ディシジョン（決断・決定）」のスポーツです。瞬間瞬間に、自分でディシジョンすることが必要で、各選手がディシジョン・メイクすることを求められます。そのため、普段から自分で決めるための「ディシジョン・トレーニング」を意識的に導入しています。

私は昔から、選手に人前で自分の考えを話してもらっています。最初はうまく言えなかったり、恥ずかしかったりすることもある。でも、自分のことくらい自分の言葉で語れなければ、ディシジョン・メイクなんてとてもできません。これはそのトレーニングだからと彼らには伝えます。

人間というのは、一日に感情だけで何万単位のことを思い浮かべているのだそうです。いろいろなことがワーッと思い浮かんでは消えている。その中で、自分の思いを言葉にするには、いくつもの感情の中から必要なものを選んで、それを的確に言葉にしなければいけないわけで、それ自体が「ディシジョン」なんです。人前で話すことが多いリーダーは、そのたびにディシジョン・メイクを自然に行っているわけですから、彼らのディシジョンする力が伸びていくのも当然です。

私はチームを組むと、レギュラーとか控えとかに関係なく、全員にひとこと話をしてもらいます。貴重なディシジョン・トレーニングの機会だし、聞く人が多ければ多いほど、緊張もするし難しくもなる。だからこそ、「これはボールを持ったときに、そこでキックするか、パスをするか、ランをするかを瞬時に判断することと同じだ」と伝えるのです。

「自分にどんなクリエイティブなプレーができるかは、どういうふうに自分の言葉で話すのかと同じこと。だから、MTG（ミーティング）で話すこと、食事のときに自分のことを話すこと、すべてディシジョンすることだと思ってほしい」

すると、話すことを最初は躊躇《ちゅうちょ》していた人でも意外と話せるようになる。

同じように、チーム作りの最初のトレーニングとして、「思いついた人は手を挙げて」という指示の出し方もします。そう言われてパッと手を挙げることって、大人になると案外できないものです。

でも、「これはトレーニングだから。全員に時間はないから、手を挙げた人しかトレーニングできないよ」と言うと、みんな手を挙げるようになります。トレーニングだと思うとできる。さらに、「それも含めてメンバーを選ぶよ。だって、トレーニングを積極的にしているってことだからね」と言うと頑張ります（笑）。

面白いことに、**人前で自分の言葉で話せるようになった人ほど、プレーもうまくなっていく。**それを本人も実感するから余計に発言するようになるのです。

ところで、言語化には「書く」ということもありますね。しかし、書くという行為は順番を入れ替えたり、書き直したりすることができるので、ディシジョン・メイクのトレーニングとは少し違うと思っています。話すときは、簡潔にわかりやすく言わないといけないし、言った言葉は戻せない。そうすると、話す順番や言葉選びがすごく大事になってくる。まさにディシジョン・メイクなのです。

私がコミュニケーションの技法としての「話す」ことについて、これまでコーチに言ってきたのは、**何かを伝えたいときにはまず相手を見て承認してあげること、そのあとで自分の話をする、ということです。**

たとえば、「元気そうだね」とか「この間はこうだったよね」とか、そういうことを話してから、自分の伝えたい話をする。いきなり自分の話をしても、相手は聞かないし、ひとしきり一方的に話したあとに、「君も頑張っているよね！」などと、とってつけたように言っても残念な結果になるのは目に見えています。

そうしたことも含めて、常にディシジョンしないといけない。話す言葉は後戻りができないのだから、その大切さについて選手には強く伝えています。もちろん、それは親と子の関係においても同じです。

高濱タックル

すごくよく育てているなと思う家庭の教育方法には、学校から帰ってきた子どもに、今日一日何があったかを発表させるというのがあります。授業のポイントなども言わせます。それは、めちゃ

くちゃ高度な要点化（ポイントを簡潔にわかりやすくまとめる）で、厳しい学習を家庭で行っているわけです。

これまで、「話す」という言葉を「ディシジョン・メイク」という視点で見たことはありませんでしたが、要するに選んでいるということですね。

私も講演会では、お父さんが多いのであればこれを話そうと、材料を揃えて選んでいるという意味で、確かにディシジョン・メイクだったのだなと思いました。

言語化の「話す」という意味では、相手を魅了するところまでいったら相当に強い力になると思います。

off the fieldで子どもを伸ばす親の6カ条

2

わが子に対してどんな「期待」を持っていますか。その意味をはき違えると、わが子の大切な「自分らしさ」を潰してしまうかも。知っておきたい6つの心得とは？

off the fieldで伸ばす！

ラグビーというスポーツで重要なのが、「off the field」と「on the field」という考え方。以前は、「on the ball」と「off the ball」という言葉がよく知られていました。「on the ball」というのは、ボールを持っているときの動きのことで、「off the ball」は、ボールを持つ前、あるいは持っていないときの動きのことを言います。

ラグビーは15人でプレーをしていて、ボールを持っていないときにどうプレーするのかがとても重要なスポーツです。強いチームは、ボールを持っていないoff the ballの人たちの動き、ボールを持つ前の動きを重要視しています。文字通りにボールを持っていないときだけでなく、裏方のときや事前の準備、プレー後の仲間のケアなど、off the ballの時間の過ごし方こそが勝負を決めると考えるのです。

off the ballの動きに注目できるようになった背景には、カメラの性能が向上したことも無縁ではないと思っています。ボールとは関係のないところでプレーしている人の動きがよく見えるようになって、それらの動きが試合にどのような影響を与えるのかがビジュアルで見えるようになり、検証がしやすくなったからです。

ラグビーで言えば、守備のときのバックスの動きで、彼がずっと動いていることが、相手チームの選手に相当なプレッシャーを与えます。フルバックと呼ばれる最後尾の選手は、実際にタックルはしなくても、相手の攻撃したいスペースを予め埋めることで、どれだけプレッシャーをかけられるかということが大切で、そういうプレーが評価されるようになってきました。

昔はon the ballが評価基準でしたが、今はoff the ballが大切になっています。
さらに時代は進み、ラグビー界では「off the field」という言葉が重要視されるようになってきました。
ラグビーは競技の特徴として、長く練習ができないスポーツです。練習したとしても一度に2時間くらい。そのため、off the fieldでチームのために自分をどれだけ成長させられるかが重要になります。その時間をどう使うか、どう充実させるかで、on the fieldのときの自分のパフォーマンスが決まると言ってもいいでしょう。

海外の昔から強いチームは、このoff the fieldを意識的に大切にしています。ニュージーランド代表がここ20年で強くなった要因の一つに、「チーム全員で食事をする日を決めた」ということを挙げる人もいます。些細《ささい》なことのように思われるかもしれませんが、それくらいoff the fieldを大切にすることが大切だと考えられているのです。

私も指導に際して、off the fieldがいかに大切かを感じられるようなアプローチをするように心がけています。

遠征時にレポートを書いてもらうときも、on the fieldとoff the fieldに分けてもらっています。そうすると、「off the fieldを頑張ると、on the fieldが向上した」という意見が出てくるようになりました。

ある選手は、高校時代までは花のポジションのエース的な存在でした。まわりとの力の差もあって、仲間にパスをせずに自分一人で行かざるを得なかったというのもあったのでしょう。そうしたやむを得ない事情があったにせよ、チーム戦というよりは個人の能力でチームを勝ちに導いてきたタイプでした。

私はその選手のoff the fieldを観察してみました。すると、食事中に仲間と会話を楽しむことはないし、食堂を出ていくときにテーブルをちょっと拭くといったこともできません。

「お前は悪気がないと思うけど、仲間をケアするとか、少しまわりに気を遣うとか、そういうことがちょっとできていないね。その辺をこの合宿で頑張ってみよう」

そう話したら、最初は何を言われているのかわからなかったようですが、少しずつ気をつけるようになり、仲間と会話を交わしたり、ちょっとした気遣いができたりするようになっていきました。いつしか本人もそれが自然なことだと思うようになったそうです。**off the fieldでのこうしたつながりが、いざというときにコミュニケーションの面で力を発揮するのです。**

こうしたことを大切にするチームは、ビジネスにおいても増えています。人と一緒にやっていくときに、日常からコミュニケーションがうまくいっているかどうかというのは、仕事をスムーズに進める上での大きな要素だからです。

「なぜ日本は、サッカーワールドカップで、ある水準以上に行けないのか」

そんな疑問に対する答えとして、同じようにoff the fieldの過ごし方に言及する人もいます。日本代表の選手は、試合の合間や練習後、部屋に帰って一人で、スマホでSNSやゲームをしているのだそうです。ほかのチームは、個々人の能力をいかに高めるかに意識を置いているように見えても、チーム戦で勝つことを目的にしているからこそ、わざわざチームで食事をするなど、あえてoff the fieldを大事にしていると言います。

ラグビー界の話に戻すと、世界にはこのoff the fieldを研究している国まであります。ニュージーランドがそうで、このoff the fieldの効果について、リサーチャーがチームに入って研究しているのです。

ニュージーランドという強豪チームが、off the fieldを大事にしているのは前から知っていました。でも、そのoff the fieldの核と言える出来事がありました。

遠征でアイルランドの空港に着いたときのことです。ラグビーは遠征時に練習の道具なども含めて相当な量の荷物を持っていきます。それこそ専用のトラックで運ぶくらいなのですが、そのトラックまでの運搬を、選手とコーチだけでやっていたのです。空港に着いたときには、国の代表なので全員オフィシャルなスーツにネクタイ姿だったのですが、運ぶときにはスーツを脱ぎ、ネクタイを外して全員で汗を流して荷下ろしをやっていました。それに驚いた報道の人が、「監督もやるんですね？」と聞くと、「みんなでやったほうがいいに決まってる。なにつまらない質問してるの？」と答えました。

off the fieldからチーム作りはすでに始まっていると感じられる出来事でした。

高濱タックル

off the fieldを鍛えるとスポーツの結果に現れるというのは納得です。

私はかつて、全力で子どもたちを認めて伸ばし、彼らの自己肯定感をつけさせようと思ったものの限界を感じたことがありました。私はせいぜい週1回90分しかその子たちに接することができない。でも、子どもたちは圧倒的に家庭にいる時間が長いので

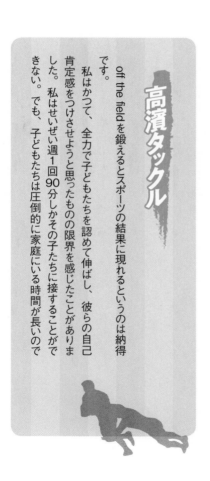

す。つまり、家庭という場、いわゆるoff the fieldで影響力のあるお母さんの存在が大事だと悟ったのです。それからはお母さんたちをニコニコにすることが子どもたちをさらに伸ばしてくれると考えて、親向けの講演を始めました。

学校や習い事で子どもがより活き活きと伸びていってほしいと思うなら、家や家族との時間をもっと大事にすることを考えないといけないのです。

off the field、すごく大切です。

親が陥る間違った「期待」のかけ方とは？

私は、小さいときに先生や親からそんなに期待されていなかったので、周囲からの期待を感じずに育ちました。しかし、世の中にはいろいろな期待を背負ってきた人も少なくないと思います。

「期待」というのは、字面の通りだと「期を待つ」ということです。つまり、待ち

の姿勢であるはずなのです。ところが、「期待しているんだから頑張ってよ」などと、どちらかと言うと「待ち」ではなく「攻め」の意識で声をかける人が多いように思います。私はそこが根本的に間違っていると思うのです。

身近な相手であればあるほど、その状況が見えてしまう。それゆえ、「もう少し頑張れないのかな？」と思う。また、そう思うだけならまだしも、身近で自分の声が届く存在であるために言葉もかけやすく、「もっとこうしたら？」とか、「がっかりさせないでよ！」などと、半ば命令であるかのように伝えてしまう。

多くの人にとって、期待されるというのは本来嬉しいことのはずなのに、実際にはただの重荷にしか感じられないのは、**期待をかける側がその言葉の域を超えて、「要望」や「オーダー」をしてしまっているからだと思います。**

コーチや親の立場で考えると、自分のコンプレックスを他者（選手や子ども）に押しつけている場合もあるでしょう。そのコンプレックスが満たされたり解消されたりすることが、自分の内側にある承認欲求を満たすことにつながっている。その手段として、相手への「期待」になっているのではないでしょうか。

子どものうちは、身近な他人が自分に求めるものと、本来自分がやりたいこと、自分が成し遂げたいことの違いがわからないため、深く考えることなく言われた通りにしてしまいがちです。すると、段々と考えることをやめてしまい、それが続いた結果、他人軸でしか生きられなくなってしまうことがあるように思います。

よく医者の子が医者になっているけれども、本当は「医者にはなりたくなかった」という話は珍しいことではないでしょう。結局、本人も「自分が本当は何がやりたいのか」を考えることなく、親からの期待に応えるため、あるいはそのプレッシャーから、自分の思いや願望に気づくのが難しくなってしまうのです。

その期待が、親自身のコンプレックスの裏返しになっている場合には、「結果じゃないよ、努力のほうが大切だ。頑張る姿を期待しているよ！」などと最初は言っておきながら、実際に結果が出ないと、「やっぱり結果だよ！　結果が出なかったら意味がない」などと言ってしまう。自身のコンプレックスを他者に投影して、代わりにコンプレックスを克服してもらおうしているわけで、自分では何もできない分、歯痒くて腹立たしくなるのですね。

さらに、期待の内容が「曖昧《あいまい》」な場合にも、行き違いが起こりやすいと言えます。

有名大学や有名企業に入ることを期待しているのであれば、仮に生活態度が崩れていても、入学や入社できさえすればそれでいいということになります。

しかし、大抵の場合、有名大学や企業に入るという結果だけでなく、そのプロセス（結果に辿りつくまでの手法）や態度（その結果に辿りつくまでの取り組みの姿勢）も同様に求めているはずです。したがって、たとえ成果を出したとしても、プロセスや態度が自分の求めているものと違う場合には、苦言を呈することになる。

そうなると期待されていた側としては、結果を出したのに文句を言われることになるわけで、それが原因で信頼関係が崩れたり、期待をかけられる側のやる気を喪失させたりすることになりかねません。

このように、「曖昧さ」のせいで勝手に「期待外れ」という烙印《らくいん》を押すことにならないように気をつけたいところです。

人が抱く期待というのは、往々にして自分の視点だけで語られることが多いと心得ておくべきだと思います。特に親が子どもに「期待」という言葉をかけるときには、その意味を今一度考えてみる必要があると思います。

高濱タックル

就職においても親の期待を裏切れない子が多いです。自分の人生なのに、母の期待を背負って医学部とか有名企業とかを受けるんです。根本的に、やはりお母さんが好きで喜ばせたいという意識があるんですね。

でも、自分のやりたいことで起業できそうだとか、もっと違う道を究めたいという夢があるのだとしたら、そこで「親の期待を裏切れないから」という理由でそのまま就職してしまうなんてすごくもったいない。

子ども自身も期待を跳ね除ける強さを持つことが大事だし、親も期待のかけ方を考えていくことが必要でしょう。そのほうが、親も子もずっと幸せな人生を送ることができると思います。

期待するときには勇気を持って！

期待するというのは、じつは大変に勇気がいることです。「期して待つ」ということは、何もアクションをしないということなのですから。ただひたすら「相手を信じる」という忍耐力が必要なのです。もしかすると、一見して何の変化もなく、「これからも何も生まれないのでは」という恐怖すら覚えるかもしれません。

今は時代が目まぐるしく変わっている。この変化の速い時代なのに、本当にうまくいくかどうかわからない、何も起こらないかもしれないことを、ただ「待つ」のです。そこに投資するのですから、本来の「期待」というのは勇気の象徴だと私は思います。

そうなると、「期待しなければいいのでは」という意見も出てきそうですが、期待をかけないのもダメなんです。ですから、コーチや親は正しい期待のかけ方について知る必要があるし、勇気も必要です。では、それはどういうふうに練習をしたらよいのでしょうか。

日常生活でのちょっとした沈黙にも耐えられない人がいたら、その沈黙に耐える、あるいは「沈黙でもいいんだ」という意識に変えることが一つのトレーニングになります。SNSで言えば、「既読」になったあとに返事が待てない人は、「それでも別にいいんだ」という意識に変えることがトレーニングになります。

ちなみに、SNSでの返事については、中高生の間でそれがいじめの要因にもなっていることを思うと、現代人の「待つことの難しさ」を表しているように感じます。


人が何かを生み出すときというのは、誰かが何かをじっと見守り、待つことで起きるのではないかと思うのです。その空間を社会全体で作れるようになるといいなと思います。そのためには、お互いが自分らしくあろうとする、これが重要だと思います。お互いへのリスペクトがあれば、「期待していたのに！」と勝手に期待して怒ることなどなくなるでしょうから。

私は仮面浪人もしていたし、留学先でもフラフラしていました。親が結果を急いで「期して待つ」ことができない人だったら、この遠回りな道は許されなかったと思いますし、今の私はなかったかもしれません。

高濱タックル

うちの親も、３浪４留というめちゃくちゃ遠回りな人生を送った私を見守ってくれました。自分では無駄な時間を過ごしたという意識はありませんが、それでもとてもありがたかったと、両親には感謝しています。

評論家の立花隆さんの本では、「空白の数年がある人は大物になる」とおっしゃっています。

幼児期は親の型で育ち、思春期で反抗し、青年期は自分の型で思うように生きる。青年期に自分の時間を持てることが重要なのだとあらためて思いました。

「勇気を持って期待する」——いい言葉です。

ちゃんと挑戦、しっかりと挫折

私は以前、『壁をこえて行こう　挫折と挑戦』という書籍を子ども向けに書きました。「挫折と挑戦」ということについては、ずっと考えてきたテーマなのです。私はたくさんの挫折をしてきました。例を挙げると、けがと手術、試合での敗北、受験の失敗、いじめ、差別、反逆など。しかし、それらの挫折があったからこそ、たくさんの挑戦をすることができました。

私たちは多かれ少なかれ、挫折と挑戦を繰り返しながら生きているものだと思います。もっと言えば、うまく結果が出ることは少なく、生きている間のほとんどが挫折と挑戦の間を行ったり来たりしているようなものでしょう。しかし、挫折から挑戦へ向かうことは、そんなに簡単なことではありません。

どんなに勉強をしてもなかなか成績が上がらないとか、好きな相手が全然自分を好きになってくれないとか、文化祭で自分のやりたかったことをほかの誰かにとられてしまったとか……。それは大人になっても同じです。思い通りにならないことはたくさんある。「思い通りにならない物事をなんとかする」のが人生だと言えるでしょう。

その「思い通りに行かないことをなんとかする」という前向きな精神を持った子に育ってもらうために、ちょっとした心構えや気持ちの持ちようを変えていくことで、挑戦のステージに近づいてもらえればと思います。

そのコツの一つは、「挫折を受け入れ味わうこと」。失敗や苦境から目をそらさず、挫折をしっかりと味わうことで、そこから始まる挑戦のストーリーと最終ゴールを思い描くことができます。

世の中に、唯一正しい挑戦というものはありません。人にはそれぞれ自分に合った挑戦というものがあります。言えることは、自ら強い挑戦をしなければ、かえって失敗や挫折を繰り返すことになりかねないということ。その自分らしい挑戦をするために、まずは自分を知ることです。自分がどんな人間であるのかを理解しておかなければ、挫折や挑戦のしようがありません。

挫折とは思い通りにいかないことですが、自分の能力や思考を理解していなければ、現実を正しく把握することは困難です。すると、無謀な目標を立てたり、うまく行きすぎたときには勘違いをしたりするようになってしまいます。

まずは挫折を受け入れる。挫折をしっかりと味わい、じっとしていられない自分を感じる。そのあとで、挑戦という成功のストーリーを描くターンに入りたい。

成功している未来の自分に会いに行く

私は挫折や逆境に出会うと、「この挫折・逆境があるからこそ」と思うようにしています。今はつらいけれども、どこかで振り返ったときに、「ああ、あの経験があったからこそ今の成功があるんだ」と思えるようにしたいのです。

そのためには、**心のタイムマシンに乗って、成功している未来の自分に会ってくることがもっとも有効です。**挑戦したあと再び挫折してへこんでいる未来の自分ではなく、挑戦した結果、それを乗り越えて成功している未来の自分に会いに行くのです。

それは決して難しいことではありません。その未来の自分とたくさん会話をします。成功するために具体的にどんなことをやったのか、どんなことに気をつけたのか、誰と頑張ったのか——そんなことをできる限り質問してみてください。要するに、未来の自分に現在の自分がインタビューをするわけです。そうすると、必ず未来の自分が答えてくれるフレーズがあります。

「あのときの挫折・逆境があったからこそ今の成功がある」

今まさに直面している苦境のおかげで成功したんだというストーリーを、未来の自分に語ってもらうのです。

わが子がもし何かに挑戦して挫折をしてしまったら、挫折したからこそ会える未来の自分に会いに行き、たくさん会話をしてくるようにアドバイスしてみてください。

その答えの多くは、すでに自分の中にあるはずです。そして、なんだかんだと理由をつけてやらなかったことだと思うのです。**自分の外側に理由を求めている限り、人は決して成功はできないし、成長もしません。**未来の自分がそのことを教えてくれることでしょう。

失敗した未来の自分が教えてくれることもある

成功した未来の自分だけではなく、失敗した未来の自分も大切なことを教えてくれることがあります。失敗した未来の自分は、「やっぱりあのときに思い切ってやっていればよかった」と言うのです。

私は6歳からラグビーをやっています。数え切れないくらいの感動や喜びがありました。でも一番鮮明に覚えているのは、やはり悔しい思いをしたときのことです。どんな試合であれ、負けたときの悔しさはこの上ないものです。そんな負けて味わう悔しさでも、ある程度受け入れられるものとそうでないものがあります。

たとえば、「今回は相手が本当に強かったので、今の自分たちの力ではどうしようもないなあ」と潔く負けを認めて受け入れるパターンがある。その試合で自分たちは力をすべて出しきりベストを尽くした。けれども敗戦してしまった、という負けです。

一方、自分たちの力を少しも発揮できずに負けてしまった試合というのもあります。なんとも表現しがたいのですが、とにかく思い出すたびにとても悔しい。

振り返ってみると、その原因は試合の勝ち負けに関係なく、失敗することを恐れて自分自身が理想とするプレーに挑戦しなかったことだったりするのです。普段なら目の前に敵がいても思い切って突っ走るのに、その試合に限ってはなぜか弱気になってパスをしてしまい、結局ミスをしてしまった……などです。

失敗した未来の自分が教えてくれること。それは、**チャレンジしないことがもっとも大きな後悔を生むということです。**失敗した未来をイメージすることも、ときには必要になるでしょう。

子どもを伸ばす親になるための6カ条

ここまでに述べてきたことを踏まえて、子どもを伸ばすために必要なことを6つの項目としてまとめましょう。

①一番大事なのは、わが子をよく見る「目」

「子どもをよく見る」と漠然と言われても、どこを見ていいかよくわからないということがあるかもしれませんね。

体育の先生であれば、逆上がりができるようになるまでの間の成長をよくわかっていると思います。でも、親が初めて逆上がりを練習しているわが子を見たときに、全然できなかったのに、あとちょっとでできるようになっているところなのか、最初と全然変わらないのか、練習の方向性があっているのかなど、それだけを見てもわからないことだらけでしょう。

私が初めて監督になったときにも、チームや選手のどこをどう見たらいいのかわからず、とにかく目を慣れさせることに必死でした。そうするうちに、目を慣れさせるための一番の近道は「視点を増やすこと」だと気づきました。**視点を増やすことで、同じものを見ていても見え方が変わってきたのです。**

視点を増やすためには、人とのコミュニケーションをたくさんとることだと思っています。百人百様、いろいろな性格や性質、行動パターンなどがあって、それに気づくことで人の見方の幅が広がっていくのです。

私が監督のときにしっかりと見ようとしていたのは、選手が「ゾーン」に入っているかどうかでした。ゾーンというのは、雑念がなく、とことん集中している状態のことです。

選手というのは、自分では気づいていなくても、監督からの視線を気にしていることがあります。

試合後に、「なぜパフォーマンスが悪かったかわかる?」と聞くと、「敵のプレッシャーが……」とか、「パスしたい味方が遠かったので……」と他人のせいにしたり、「コンディションがちょっと……」とか、「前日に○○があったんで～」などと言うのですが、どれも本当の理由ではありません。

理由は簡単、ゾーンに入っていないために、監督の視線や評価、今の自分のパフォーマンスがどうだのこうだの、といったことを気にしている状態だったのです。「オレの顔を見過ぎだよ」と伝えると、本人は気づいていないので驚きますが、ビデオを見せるなどして自分を客観視してもらうと納得します。

親もわが子のそこを見てあげるといいと思います。親の顔色を見ていないか、ゾーンに入って熱中しているのかを見るのです。そして親自身も、子どもを見る自分自身を、もう一人の自分が見ているような視点を持つといいと思います。

高濱タックル

今、世の中には情報が溢れていて、しかもすぐに手に入れることができます。だからでしょう、親がデータや数値の情報を鵜呑みにするケースが増えています。データや数値だと、一見するとてもよく見える。でも、実際は検証する数が少なかったり、条件が限られていたりする。しかし、そこまでは見ずに表面の数字だけを追いかけて一喜一憂することが多いのではないでしょうか。

教育の世界、子どもの世界に絶対はありません。これは私の信念。環境や状況で変わってしまうデータや数値に惑わされず、本当にわが子に合うものなのかどうかを自分の目で見て決めることが大切です。たとえば、「ご褒美をあげるから頑張りなさい」と言うのはNGという人もいれば、それで成功した事例ももちろんある。絶対やるとかやらないとかではなくて、子どもの様子を見て使い分けることが大事です。

見るべきポイントは、わが子の目が輝いているか、夢中か、本当に楽しそうか、ということです。

学校の先生の指導案作りも、指導案に沿うことばかりに意識

が行きすぎて、肝心の子どもがどういう状態か、イキイキしているかに焦点が当たっていません。子どもをよく見て変えていけるかどうか、そのためには観察する「目」がすごく重要です。

②心を見るコミュニケーション

人と話すときは目を見ていますか？　目を見ていると、相手がテキストだけ読み込んで、要するに言葉の表面だけを聞いて反射的に「わかりました、やります」と答えているのか、嫌そうに言っているのか、本当にわかった上での返事なのかがわかります。この場を終わらせたくて言っているだけなのかということも、目を見て話していないと意外に気づけないものです。

「僕はこう思っていて、こういうことをしようと思っているんです」

この台詞も、相手の目を見て言うのとそうでないのとではずいぶん印象が変わるはず。目を見ていないと、「それ、本心じゃないでしょ？」というような反応をされたり、「耳触りのいい言葉を並べているだけで本気じゃないよね？」と思われたりすることもあるでしょう。「目は口ほどにものを言う」のです。

ところで、私は選手人生を長い目で見るように心がけています。ラグビーではポジションを変更することが、選手人生を大きく左右する場合があって、たとえば高校からラグビーを始めて、体が大きいからそのポジションをずっとやってきたけれど、全然自分の特性に合っていない、ということがあります。でも、長年続けてきたポジションをチェンジするのは、選手にとってかなりの勇気がいることです。

長い目で見ていると、ポジションを変えたほうが特性的にも将来的にもいいのではないかということがわかるようになってきます。

「ポジション変えたほうがいいんじゃないかな？」

「いや、僕はこのポジションで頑張ります。ずっとやってきて成功してきているんで」

「確かに今までは成功してきたかもしれないけど、これからはライバルがいっぱい出てきて難しいかもしれないよ」

「いや、それでも自分、頑張ります！」

「そうか。ところで、自分がポジション変更してどう活躍するか、想像したことある？　自分の未来とか想像したことある？」

そうすると、多くの選手が「あります」と言う。

「お前が考えている時間よりも、圧倒的にオレのほうが長く考えている。お前は自分のプレーを客観的に見たことある？　自分のプレーは自分では見られないから、ビデオとかで見るとして、どれくらい見た？　それも圧倒的にオレのほうが見ていると思うよ。それを踏まえてお前の可能性としてこっちのほうがいいと提案したんだ。でも、これは命令ではないので、どうするかは自分で考えてみてね」

ここまで言うと、一週間くらい経ってから、「やっぱりポジション変えます」と言いに来ます。

ここでは大切なポイントがあって、それは**選手が「自分で決めた」と思うことです**。本人が心の底から「こうしよう！」と決めてくれないと、元のポジションへの未練を残したままではうまくいかないし、うまくいかなかったときには、ほかの誰かのせいにしてしまいます。表面上の言葉ではなく、相手の心がどうかということを基準に考えることが大切です。

子どもたちもそうだと思うのですが、人は自分で自分を見つめることとか、自分がやりたいことって何だろうとか、あらたまって考えることを意外としません。だからこそ、本人よりもあなたのことを見ているし、あなたのことを考えているというプロセスを伝えることが大事なのです。

子どもたちの目線は低いため、遠くまで見渡すことができません。そこをサポートしてあげるのが大人の大切な役目だと私は思います。

高濱タックル

何かを決めなければならないとき、親が「こうしなさい」と子どもに言うのではなく、あたかも子どもが自分の意志で決めたかのような流れに持っていくことが大事——私も常々そう言っています。圧倒的説得力で意見を言ったあと、「それでどうするかは自分で決めて。あとで教えてね」と。

これはあらゆる場面で大事だと思います。大人になっても同じ。

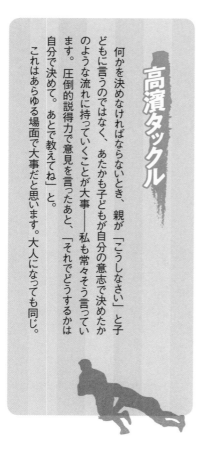

私も全社員に何かしら「決めさせる」ということが重要だと思い、会社の方針を変えました。

子どもの話で言えば、本人は一応やってはいるのだけれども、じつはデッドな状態になっていないか。一番大切なのは、心の底からやる気になっているかどうか、これが一番大切なことです。

それは子どもの様子からもわかりますし、もし様子が見えない習い事であっても、子どもの目を見てコミュニケーションをとればわかるはず。「は～い」という返事はするけれども、実際はやっていないパターンのときは、あらためて本人の意志で「やる」という流れを作ることが必要だと思います。

③本当に安心できる居場所になる

本当に安心できる居場所——。あなたはどんな場所をイメージしますか？　自分らしくいられる場所ですか、他人の顔色を窺わずに自分らしさを出せる場所ですか？

Googleが、成果を出しているすべての組織を調べたら、いずれの組織も「心理的安全性がある」ということがわかったそうです。

それはただの仲良し集団ではなく、「高い目標がある」ということであり、もし失敗したとしても、「次があるから大丈夫、頑張ろう！」と、お互いにネガティブなことも受け入れられるようになっているということです。

心理的安全性がない組織だと、何かの振り返りのときに、決まっていいことばかりを口にします。「ネガティブなことを言うとよくない」という意識が働くからです。

これを親子に置き換えて考えると、「子どもが親に悪いことも話せるか」、「失敗をきちんと認めて言うことができるか」ということであり、ネガティブなことであっても、本質的なことを子どもが親に言えることが大切なのです。

もしもわが子から、「お父さん、前に言っていることと違うよ！」と言われたら、それは単なる否定ではなく、きちんとした意見だと認めてあげてほしい。そこで親側が、「こっちは教育している立場だ」という意識や、「あなたより私のほうが偉い！」ということを口に出したり態度で示したりするべきではありません。お互いに学ぶ者同士だという姿を見せることです。

親も指摘するだけでなく、「あー失敗しちゃった」とか、「今日は感情的に言ってしまってごめんね」と、自分の失敗をきちんと認めてちゃんと伝えてあげましょう。

「大人も間違えるんだ。間違えたら素直に謝ればいいんだ」

親の姿勢から、子どもはそういうことをちゃんと考えて学んでくれます。子どもにとっての本当に安心できる居場所を作るために、**親自身も「立派でなくてはならない」という思い込みを捨てるといいと思います。**

失敗を認められないというのは、本当に安心できる居場所を作ることができないだけでなく、人としてじつにカッコ悪いことだと私は思います。

高濱タックル

大人でもいますよね、謝れない人って。なぜ謝れないのか？

それは、他人からの評価を落としたくないからだし、ダメな自分を受け入れるだけの許容性がないということでしょう。

それと、失敗を認めたくない親に育てられた人なのかもしれません。

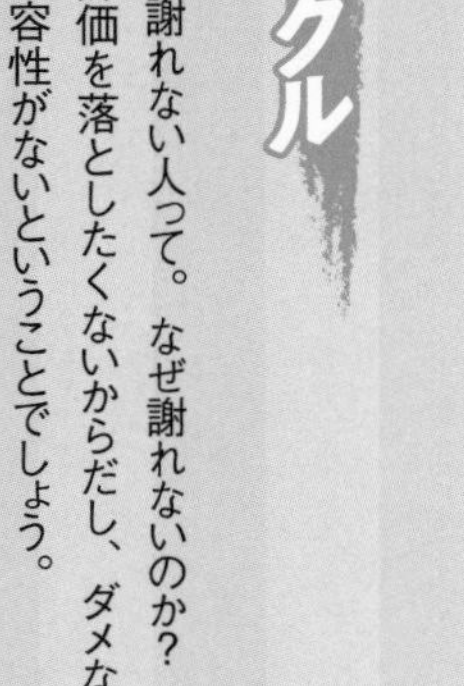

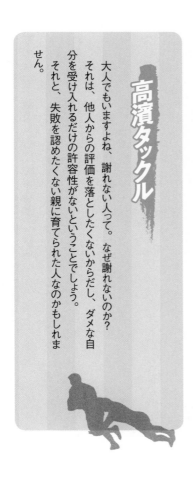

④他者評価で考えない、他者との比較を基準にしない

人は心理的安全性が担保されていないと、他者の目を気にしてしまいがちです。心理的安全性があれば、人は自分の思ったことを自由に発言できるし、弱みを見せることもできます。そこに不安や恐怖がないからです。

安心できるからこそ、自然と自分をさらけ出すことができる。他者の目を気にする必要がないわけですから、自分自身にしっかりと目を向けることができます。

もし他者と比較するのであれば、結果ではなくプロセスを見るべきです。クラスで1番になるのもいいけれど、それに向かって頑張ったプロセスこそが大事です。自分も頑張ったけれど、まわりの子も頑張ったから順位が上がらなかった、ということもあるでしょう。だからと言って、自分が頑張らなかったということにはなりません。逆に、自分は前回とあまり変わらなかったのに、まわりがたまたま不調で順位が上がることもあるわけですから。

他者と比較をすることはあってもいいけれど、それを「基準にしない」ということを親もよく覚えておいたほうがいいと思います。その子自身を、その子の頑張りを、その子の向き合い方をしっかりと見てあげる。そんなふうに、**「自分が見たこと」**

を基準にすることです。

また、「他者評価で考えない」ということも同じです。いろいろな評価軸を知っておくことは大切ではありますが、**「他者が決めた評価軸から外れる＝価値がない」という考え方は間違っています。**自分が「価値がある」と感じたことには価値があるのです。

私は、ラグビーの日本のトップクラスの選手にも同じことを伝えています。監督が選手のことをどう見ているか、その視線が気になるということは、他者評価で物事を考えていることにほかならない。自分の頭で考え、自分がゾーンに入ってプレーすることが求められるスポーツなのに、そうやって他者評価で生きている限り、ある程度から先へはなかなか伸びません。同じようなことが、学校や家でもあるはずです。

ところで、授業参観などで手を挙げてちゃんと答えられたときに、わが子が親のほうを見るとか、何かがうまくできたときに親の顔を見るというのは、誰にでも覚えがあることだと思います。

でも、これは他者評価を気にしているというのとはちょっと異なります。心の基地である親にも一緒に喜んでもらいたいという願望の表れなのです。親の視線を気にしているだけなのか、親に一緒に喜んでほしくて見ているのか、それを見極めるためのしっかりとした観察が必要です。

コーチングの世界では、「センター」という言葉を使ってコーチングについて考えるようになってきました。それまでは、「コーチ・ファースト」でした。いかに自分が考えたコーチングを選手に施すかという視点が重要視されていたのです。

しかし、本来の目的から考えると、「コーチ・ファースト」ではなく、「アスリート・ファースト」でなければなりません。さらに最近では、「〇〇ファースト」という言葉も使わないようになってきています。何かを1番と決めると、2番3番も決めないといけないからです。そこで、アスリートをセンターに置いて考えることが大事なのではないかという考え方に変わってきたのです。

子育ても同じだと思います。子どもをセンター(中心)に置いたとき、「誰の信頼を得るべきか」と考えれば、それは子ども以外にありません。まわりのママ友の視線をセンターに置く意味などないのです。

子どもが「やりたいこと」を見つけて、それがちゃんとできているかに目を向けてほしい。もし、わが子から次のような発言があったら要注意です。

「〇〇だったから、失敗するかもしれない」

「△△だったから、これはできないかもしれない」

こうした失敗したときの言い訳を先に口にするのは、自分がやりたいことや、自分でやると決めたことではないのかもしれない。あるいは、他者評価や他者との比較を基準にしているのかもしれません。気にしてみてください。

高濱タックル

これは簡単そうで、現実の親には甘くない課題です。たとえば、中学受験を友だちと一緒に始めていたとして、「途中でうちの子には向かないかも」と気づいても、一緒に始めたママ友の手前、うちの子だけやめるという決断はできないのです。まさに現代の母たちにとっては共感できる「壁」ではないでしょうか。

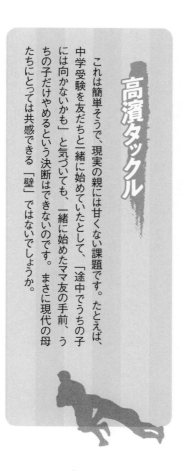

⑤存在承認の最大の理解者になる

私が選手の指導や企業のコンサルタントをしていて残念に思うのは、「その人らしさ」がしっかりとあるにもかかわらず、それに自信を持てていない人が少なくないということです。

自分らしさに自信を持てている人というのは、いいところも悪いところもすべてを包み込んで認めてくれる存在が身近にいるものです。その役割の担い手は、子どもの場合なら自分が帰る場所、家族や親だと思います。

私は大学時代、「メンバーそれぞれの自律を重んじ、個性を発揮することで勝利を勝ち取る」というスタイルを確立することができました。前にも言いましたが、それは大学時代のラグビー部の同期たちが、私のいいところも悪いところもすべて受け入れてくれたからだと思っています。

極論ですが、弱みを見せられない友人が100人いるAさんと、99人から嫌われていても、たったひとりすべてを受け入れてくれる友人がいるBさんとだったら、Bさんのほうが圧倒的に自分らしさを確立しやすいと私は思います。

世間がどんなに否定しても、親だけは子どもの味方である——親がわが子のいいところも悪いところもすべてを包んで認めてあげることは、とても大切なのです。

コーチの指導をしていると、彼らも「選手をどうやって褒めたらいいのか」ということに悩んでいることがわかります。そんなときに私が彼らに伝えるのは、**「褒めるという行為は、あまり機能しない」**ということ。褒めるというのは上からの行為だし、評価だからです。それよりも「認めることのほうが大事」だと伝えます。

実際、いいコーチは褒めません。そうではなく、事実を承認するということをしています。たとえば、ある選手のミスで試合に負けたとします。そんなときコーチはどうやって認めるのか。

「一生懸命頑張っていたけど、パスを失敗したよね」と声をかけます。

頑張っていたことも認めるし、ミスした事実も認めるのです。そして、「失敗して悔しいよね」と、相手が感じていることも伝えます。いいところも悪いところもちゃんと見ているということと、悔しい気持ちもわかっていることを伝える。そこに嘘は一つもありません。

人間にとっては存在承認が一番大事です。逆に言うと、人間にとって最大の脅威は無視されることです。その人が存在していることに対して、ちゃんと見ているということを伝える。いいときも悪いときも、誰かがちゃんと見ているということが大事なのです。

いいところにだけフォーカスする＝褒めるという行為は、一見するといいように思われます。でも、悪いところや失敗したところだって、それが「現実のあなた」であることに違いないのです。そんなあなたをちゃんと見ているよ、認めているよ、と伝えてあげることこそ、人にとっては大事なんですね。

それから、落ち込んで下を向いていたら、「下を向いてるね」と、心が表れている行動を言葉にしてあげるのも一つの方法です。

リーダーや親というのは、仲間やわが子を何とか元気にしよう、元気づけたいと考えます。それは優しさから来ることなのですが、こういうときは、「ダメなところをさらけ出させてあげるチャンス」と捉えてほしいのです。それによって本人がより落ち込んでしまうのではないか、と心配する向きがあるかもしれません。でも、「下を向いてるね」と言葉をかけることで、「あなたのことをちゃんと見ているよ」と伝えることができるので、本人は孤独を感じたり、八方塞がりになったりしなくて済みます。

ところで、「褒めるよりも認めることが大切」という話をすると、「では褒めなくてもいいのか？」という話が出てきます。もちろん褒めることも大事です。でも、素直に思ったことを言葉にして伝えてあげることで、それが結果的に褒めることにつながるとしたら、そのほうがずっと価値があるのではないでしょうか。

高濱タックル

きょうだい平等に愛しているつもりでも、拗ねてしまう場合はあります。拗ねた子には「承認」が絶対的に必要です。そんなときは、たくさん承認してあげるといいでしょう。

それは、できたことではなく、ありのままを認めて伝えてあげること。ふと目が合ったときにニッコリと微笑むだけでも伝わることはありますが、拗ねている子にはちゃんと言葉をかけてほしい。「今日は寒くなかった？」、「いつもより帰って来るのが早かったね」、

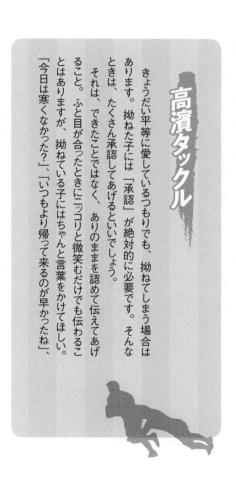

「今日はいつもよりいっぱい食べるね」など、常日頃から「ちゃんと見ているよ」と伝わる言葉をかけてあげることが大切です。

ところで、子どもの中には「親に評価されている」と思って生きている子もいます。褒められることが多い子は、一見よさそうですが、じつは親が褒めそうなことを意識的にしている場合があるかもしれません。

子どもも親も、それぞれ「自分は自分」と思えるように暮らせるといいですね。

⑥その子らしさを見つけて認める

自分らしさが確立されると、何事にも能動的に取り組むようになります。でも、自分らしさというのは自分では案外見つけにくいものです。ぜひ親子で一緒に見つけてほしいと思います。

さて、何かのときに、「あ、うちの子らしいな」と思うのは次のうちどれでしょうか。

- 臆病だ
- コツコツと頑張っている
- おちゃらけている
- みんなのあとをついていく
- 最後の最後で失敗しちゃう
- 食いしん坊
- 背伸びしてしまう
- 本番に強い、あるいは弱い
- 要領がよくて、努力をあまりしていないけどできちゃう
- 自分勝手
- 1番じゃないと気が済まない

これらはすべて、「その子らしさ」です。その子が持つ、本質的かつ一貫性のある個性なのです。ここで一つ言っておきたいのは、それを「よし悪し」で語るのはちょっと違うのではないかということです。

一般的に「よくない」と判断されるようなその子らしさであったとしても、それすら大切にすべきだと私は思うし、より強烈に発揮されたほうがいいと考えます。

もしかすると、それは「自分勝手」に見えるかもしれません。でも、それがその子の持つ本質なのですから、その「らしさ」が発揮されて然るべきだと思うのです。そして、**その「らしさ」が存分に発揮できてこそ、本当の意味での「多様性が認められる社会」だと私は思います。**

今後は多様性を認め、また求められる社会になることは間違いないでしょう。国や文化が違う相手の多様性を認めるためには、まずは自分らしさを知っておかなくてはなりません。これからの時代を生きる子どもたちには、ぜひ「自分らしさ」を見つけてほしいと思っています。

そのために親ができることは、**思い込みを捨てること**ではないでしょうか。「長男だから○○」とか、「お友だちはみんな○○だから」とか、そうした思い込みや決めつけをしないことです。

親は自分の子どもに対して、親自身が考える「自分らしさ」を押しつけやすいということがあるはずです。きょうだいに対して、「遺伝子が一緒なんだから、同じようにできて当たり前」と思ってしまうのも同じです。成長のタイミングが同じ人は一人としていないのですから、その点を親は本気で考えてみる必要があると思います。

では、実際に「その子らしさ」を見つけるにはどうしたらよいでしょうか。

お子さんを見ていると、好きな科目や自分から始めた習い事には喜んで取り組んでいるなあと思うことがあるはずです。大好きな遊びは、「やりなさい」と言われたわけでもないのに勝手に熱中するのです。

かと思えば、テストがあるから勉強しなくてはいけないとわかっているのに、気が乗らない科目があったり、親が本人のためにやらせたいと思っていても、当の本人が「やりたい」と言ったわけでない習い事には身が入っていないと感じたり……。

「やりたい」と自主的に取り組んでいることは、イヤイヤやっていることよりも習得が早い。それは大人も子どもも関係なく同じです。**まずは「好き」なこと、言われなくてもやっていること、そういったことは何かを知ることが、その子らしさを**

見つける第一歩だと思います。その「好き」なことの延長線上に、お子さんが自信を持てることがきっとあると思うのです。

「自分らしさ」を大人になっても見つけられない人がいます。そういう人の多くは、他者評価に依存しています。他者評価に依存する人は、自分のいいところ、得意なことを自分自身の物差しで測るのではなく、他者に認められたことで認識する傾向にあります。そうではなく、自分らしさというのは誰に評価されなくてもやっていることの中にあるはずなのです。褒められたから好きだと思っているのか、褒められなくても自信を持っているのか、そこを見極める目が問われます。

また、その子らしさを見つけるときにもっとも注意したいのが、「わが子のことはよく理解できる」という思い込みです。親子だから似ているところがあるのは当然。でも、それがすべてではありません。

じつは、思い込みにもいくつか種類があるのです。

まずは、ステレオタイプに起因する思い込み。長男だから、末っ子だから、A型だから、男の子だから、女の子だから、背が高いから、低いからというものですね。

そうした一般的な価値観から生まれる「○○らしさ」という思い込みからは、なかなか逃れにくいものです。誰もが、「男の子らしく」、「女の子らしく」、「リーダーらしく」といった言葉を使ってしまうことがあると思います。この社会的な常識や肩書からくる「らしさ」を押しつけることは、その人の個性を見失わせるリスク要因の一つです。

人が、このようなステレオタイプで物事を判断しがちなのは、ある意味、「自己防衛」の意識が働くからなのだそうです。毎日あまりにもたくさんの情報に触れるので、世間的な価値観に照らし合わせたり、今までに出合った似た事象に当てはめたりすることで、間違いの少ないように情報の取捨選択をしようとするからだそうです。

それから、「自分だったらこうする」という、自分の経験に基づく思い込みもあります。

「自分はストレスを感じないからこの子も大丈夫だろう……」

知らず知らずのうちに、このような考え方をしていないでしょうか。

高濱タックル

これはこの本の中でもっとも重要なテーマだと思います。

たとえば、社会人の青年に、「自分は何をしたいのかわからない」という壁について相談を受けたとします。彼はいろいろなことをやらされて生きてきて、自分の軸を見失っている状態なのです。そうしたときに必ず聞くのは、「小さい頃、本当は何が好きだった?」ということなのです。それは虫取りかもしれないし、消しゴムのカスを集めることかもしれないし、好きな本を読みふけることかもしれません。そこが常に立ち返る場所なのです。わが子が本当に何に興味関心なのかを見失わないということは、子育ての芯とも呼ぶべき項目でしょう。

その子らしさを見つけられないというお母さんは、ありもので選びます。自由に絵を描いているのが好きであれば、それでよいのです。気をつけたいのは、子どもが行動で表しているのに、お母さんが無駄だと思ってしまって見落としがちなことです。「そんなの面白いの?」「変わっているね〜」と言われるものが大半なのです。

成長の度合いを測る方法

1on1というのは、上司が部下と一対一で、時間をかけて定期面談をする取り組みのことで、スポーツで言えば、監督やコーチと選手との面談です。

私は、監督やコーチが選手について知る機会が増えるのはとてもいいことだと思っています。重要なことは、そこでどんな情報を共有できるかです。

「監督からは、『1週間前と比べて、どう成長した？』と毎回聞かれます。でも、何も思い浮かばないんです。練習はしたけれども、それで成長したと言えるのかどうか……」

こんな意見が選手から出てきたとしましょう。ここで足りていないのは何でしょうか？　まずは成長の測り方、答え方を、お互いに充分理解できていませんね。必要な情報が共有できていないわけです。

成長とは、過去に比べての現在の変化でありプロセスです。**物事の「進捗」と、個人の「成長」とは、まったく別物であると認識したほうがいいでしょう。**そして、「練習に対する進捗」という客観的な事実をもって、変化＝成長を読み解いていきます。

先週と比べて、具体的に練習がどうだったかという事実を共有する。その進捗の中に、「先週うまくいかなかった案件が、今週はスムーズに運んだ」という変化が認められたら、次になぜそれがうまくいったのかについて検証する。このように、ビフォー&アフターの違いを具体的な事実に基づいて確認していきます。

うまくいった行動に結びついたのはなぜか。これまで使いこなせなかった新しいスキルを使えたからなのか、あるいはアティチュード（姿勢）に変化があったからなのか……。こうした点を一つひとつ確認することで、1週間前とは違う自分がようやく見えてきます。

ただし、すべての練習や仕事が短期間で進むとは限りませんから、週によっては「まったく成長が感じられない」とか、「まったく仕事が進んでいない」という場合もあることでしょう。そういう期間は「成長していない」のでしょうか。

こうした場合にお勧めしたいのが、「過去の経験にもう一度立ち返る」という方法です。「もし、1週間前に戻って同じ練習や仕事を最初から始めることができるとしたら……」と考えるのです。

すると、**実際にやってきた方法とは違う、新たなアプローチを考えている自分に気づくと思います。その違いに気づいたことこそが、この1週間での成長だと捉えればいいのです。**

反対に、「モチベーションが下がった」、「スキルが伸び悩んだ」、「明らかに後退した」というときにはどうしたらいいか。

そこで大切なことは、ダメな状態をしっかりと素直な気持ちで受け止めること。自分をごまかさないこと。

この場合も、「過去に戻ってもう一度シミュレーションすること」を試してみてください。何をすればモチベーションを上げられたのか、スキルの上達へと結びついたのか、それを考えることで生まれた気づきこそが成長の糧になってくれるはずです。

人間の成長を長期で見ていくと、必ずと言っていいほど、アップダウンの波を繰り返しています。筋肉の「超回復」をイメージしてみてください。筋肉はトレーニングをすることでダメージを受け、そのダメージを自己修復することでさらに強くなっていきます。つまり、「より強くなるための後退期を迎えている」と捉えることで、伸び悩みの期間だってポジティブに受け止められるはずです。

私は監督・コーチとして、必ず1on1でその選手をよく見ているからこそできる声かけをするように心がけています。感じたことをどのように伝えるか、すぐに伝えるかどうかについては考えますが、それも必ず選手をよく見てからです。

そして、そのときには選手にもしっかりと意見が言えるような心理的安全性を確保するように努めます。そうすることで、しっかりとコミュニケーションがとれるのは言うまでもありません。

わが子と一対二などで話すのではなく、一対一の時間を作ることを考えてみてください。ぜひ、言いたいことを言えるようにしてあげてほしいと思います。

高濱タックル

花まる学習会でも「ひとりっ子作戦」という、保護者たちに奨励している作戦があります。共働き前提の時代に、家事や子どもの世話や自分の仕事のことで時間がないと追い込まれ、きょうだいそれぞれの一対一の時間などとれなくなっている人がたくさんいます。しかし子どもたちは親に必ず一対一の時間をとってもらいたいと思っています。

一日数分でもいいから、ほかのきょうだいが邪魔しない一対一の閉ざされた空間で、密着してしっかり話を聞いてあげる「ひとりっ子作戦」は、じつは圧倒的に大きな影響を持っている作戦なのです。「忙しい」のひとことに流されず、わが子一人ひとりに一対一の時間をとってあげてほしいと思います。

毎週決まった曜日のこの時間は、この子とふたりで買い物に行くとか、月のある一日はわが子とデートするなど、やり方は多様です。

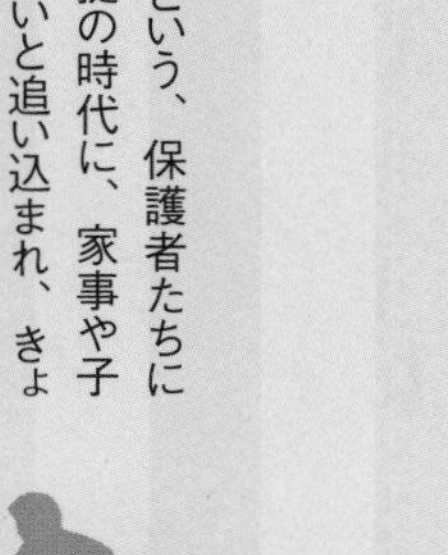

自他ともに
成長するための
「フォロワーシップ」

3

桜ジャージの戦士たちは、新しい「リーダー」のあり方を見せてくれました。そのキーワードが「フォロワーシップ」。

すべての人が輝ける極意をお教えします！

フォロワーシップとは？

私は、日本には「フォロワーシップ」という言葉が必要だと思い、『リーダーシップからフォロワーシップへ』という本を書きました。リーダーは、下の者を引っ張っていかないといけないと多くの人が思いがちですが、それだけがリーダーの仕事ではないと考えているからです。

歴史を紐解いても、リーダーは群れを引っ張ると同時に、群れを支えることをやっています。リーダーと呼ばれる人も、フォロワーをやらないといけない。要するに、引っ張ることも支えることもできてこそ、真のリーダーなのです。

リーダー論を考えたときに、チーム（群れ）を引っ張るのも、見えないところで支えるのも、どちらもチームにとって必要な「技術」でしかないと私は考えました。

これまでは、リーダーはチームを引っ張る牽引車的な存在であり、したがってチームの誰よりも優れている必要があるという意識が強くありました。知らないことがあっても、知っていると装わなければいけないとか、弱音を吐いてはいけないとか、あらゆることを完璧にしていないと威厳が保てないというような風潮があったと思います。

また、チームを引っ張るときには、みんなが納得できる意見を言ったり、ピンチのときには表立って対応することが求められたりしていました。それが成功したら「リーダーのおかげ」と言われるような、ある意味わかりやすい形が望まれたのです。

それに対して、フォロワーシップは表立って目に見える形ではなく、黒子に徹した貢献が必要です。**目に見える成果を出すことがリーダーの役割だと勘違いしてしまったことで、リーダーの定義が狭くなってしまったように思います。**

目に見える活躍をする人がいるというのは、その陰で支えてくれたり、見えないところでサポートしてくれたりする人がいてこそなのです。そういう意味で、フォロワーシップが組織を成長させてきたと言っても過言ではありません。とするならば、フォロワーシップをリーダーが身につけることも必要だと私は考えました。

環境が目まぐるしく変化するこの時代だからこそ、リーダーという役割の人は、目に見えるリーダーシップ以外の「フォロワーシップ」という役割も求められていると思います。言い方を変えれば、**全員がリーダーシップとフォロワーシップを持**

つ組織が、目まぐるしく変化するこの環境に対応し得るのではないかとさえ思うのです。

高濱タックル

中竹さんのフォロワーシップについての考え方にはとても感動しました。単純に立派なリーダーを目指すのではなく、名フォロワーになることも価値があることなのだということや、リーダーになったとしても支える役割も重要なのであるという、多面的で豊かな視点は多くの人を救うと思います。

今後は、リーダーシップの育成の仕方と同じくらいフォロワーシップの育て方も注目が集まっていくでしょう。

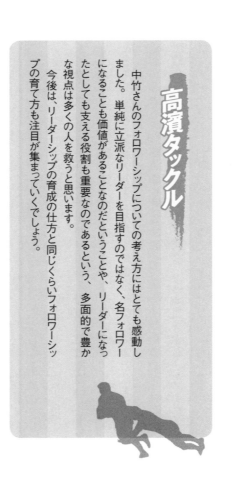

全力でフォローする人がいるチームは強い！

一般的に体育会系のチームにおいては、「レギュラー選手や試合に出る選手が偉い」と考えられています。試合に出られない1年生や、学年が上でもレギュラーではない選手、女子マネージャーの存在が「偉い」と思うことは少ないでしょう。

私が監督をしていたときは、そういう存在の人たちに対して、「こうやってくれるのってありがたいよね」と、常々言語化するようにしていました。役割だからやるのが当たり前という意識ではなく、フォロワーシップの意義を加速させたいと考えたからです。キレイごとではなく、本当にその意義を染み渡らせる意味で行っていました。

今回のラグビーワールドカップ以降、試合に出ていなかった選手や、観客が見たことのない選手がテレビに出ることも増えてきました。それは、フォロワーシップが定着してきた影響だと思っています。

試合に出なかった人が堂々とテレビに出て話しているのは、「自分はチームにちゃましたんと貢献している」という意識があるからです。それまでは、試合に出られなかった選手は「勝ちに貢献できていない」と感じてしまい、テレビ出演やインタビュー、取材など、話をすることについて躊躇してしまったり、遠慮して辞退したりしていました。

でも、今回のラグビー日本代表選手は、「チーム全員で戦って全員で勝った。だからみんなでテレビに出て話そうよ！」と言っていました。過去を振り返ってみても、ここまでチームで一体感を持って話をしているというのはなかったと思います。

試合には出ていなかったけれど、メディアの取材でちゃんと話をしている徳永祥《とくながよし》尭《たか》という選手がいました。私は徳永選手に、「本当に裏方でも頑張っているよね」と声をかけたところ、彼はこう言いました。

「毎回、『絶対にメンバーになってやる！』と思って参加していました。でも、メンバー発表のたびに選ばれなくて、正直がっくりと落ち込みました。一晩寝て気持ちをしっかりと切り換えて、一生懸命ウォーターボーイやりました！」

代表に入れただけで自分としては大満足、だから試合に出られなくても仕方ないではなく、ちゃんとメンバーになれるように最大限の努力をし、それでもメンバーから落ちて悔しがり、でも一晩かけてメンタルを回復させて全力で裏方をやった——素晴らしいフォロワーシップだと思います。

この「諦めない」思いを持った選手がいるからこそ、チームはより強くなれるし、見えないところでチームの力の底上げにもなっている。まさに、フォロワーシップの面目躍如だと感じました。

高濱タックル

いろいろなスポーツ番組の会見で、「誰ひとり欠けても勝利はなかった」という言葉を聞きます。そこに「フォロワーシップ」という言葉が加わることで、ちゃんと光が当たるようになるし、それをお互いが本当に思い合っていることが、強さの秘訣なのだと思います。

試合に出ている出ていないに関係なく、全員が当事者意識を持って臨んだからこそ、プラスに物事が作用していった事例ですね。

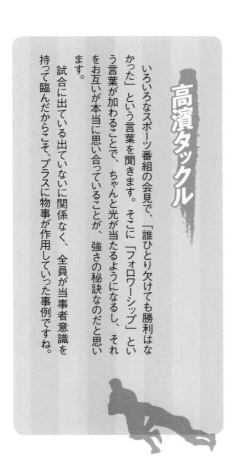

すべてのメンバーが自分で引っ張る場面とチームを支える場面、その両方の役割を担うことで、支え合い、補い合いながら一つの強いチームとなれたのでしょう。素晴らしいです。

全員がリーダーになる必要がある時代

今は、「リーダーになれる人が素晴らしい」というような言われ方を社会ではしています。でも、私はリーダーの定義は自分たちで決めたほうがいいと思っています。世の中のリーダーの定義ではなく、自分の組織を見て、タイミングや状況を考えて、どんなリーダーが必要なのかを考えるべきだと思うのです。

時代とともにリーダー論は変わってきました。最近はマルチリーダー制が成功するとわかってきて、スポーツ界でも導入が顕著になってきました。今回のラグビーでは、31名の公式枠中8人がリーダー(という役割)だったことがその一例です。

これだけのリーダーがいるため、ある試合ではキャプテンが控えに回るということがありましたが、そのことに誰も違和感がありませんでした。

時代背景として、「リーダーになりたくない」という人も増えています。なぜリーダーになりたくないのか。それは責任を持たされるのがイヤだからです。そう考えたとき、リーダーは責任ではなく「責任感がある人」でよく、それが何人いてもいいし、全員がリーダーでも構わないと考えることができます。**リーダーとは「役職」ではなく「役割」の名称に過ぎない。それは能力も役職も関係なく、心がけ次第でできることです。**

オーセンティックなリーダー、自分らしく誰のマネもしないリーダーがいるチームや、非公式なリーダーがいるチームは強いです。リーダー、副リーダー以外に、役職はないけれど、必ず「あの人は、リーダーだよね」という人がいる。全員がそんなリーダーになればいいと思うのです。

リーダーというのは、常に最高の場所にいることを望まれるものです。でも、キャプテンだって調子の悪いことがある。実際に今回のワールドカップで言えば、「本当のリーダー」(キャプテン)が最後の10分にコートに立っていないと勝てない。だから今は控えでいてくれ」と、監督がキャプテンに伝えた試合もあったようです。

実際にそうなることを予言していたわけでなく、そういう考え方をして全員が前向きにプレーをしたほうがいいという考えでそう伝えたようですが、実際にそういう展開になりました。しかし、リーダー役のみんなが、リーダーとして一選手として頑張ってくれた。そのため、キャプテンは一プレーヤーとして、試合に出ない時間をフォロワーに専念することができたのです。

「チーム作りは一人じゃできない。リーダーが作るのではなく、みんなで作るんだよ！」と常々言ってきました。その結果、一人ひとりが「自分がリーダーだ」と思うようになったのです。「自分が引っ張るんだ！」もしくは、「自分が支えるんだ！」ということが、私のリーダーの定義ではありません。全員がリーダーシップとフォロワーシップを持って戦う。全員が「リーダー」であるべきなのです。

私の定義による「リーダー」は、「責任」ではなく、「責任感」を持っている人です。だから、新入社員とかインターンシップの子でも、全員がリーダーになることができます。責任感なので能力に関係なくできるのです。

一番厄介なのは、責任はあるけれど責任感がない人。そういう人がリーダーだと

「他責」の空気が流れてチームが揺らいでまとまりません。

何か問題があったときに、直接関わってはいないけれど、「なんとかしなきゃ！」と思える人には「責任感」があります。他責ではなく、常に自責として考えられるリーダーがたくさんいるチームは、自ずと強くなります。

コーチが語るリーダーの役割

コーチのコーチは、アカデミック的には、「コーチ・デベロッパー」と言います。コーチ・デベロッパーの世界でよく引用される定義は、次のようなものです。

「もし、あなたの言動で他者がより夢を描いたり、より学んだり、より積極的に行動したのなら、あなたはリーダーです」

リーダーの中でも、みんなが自分自身と向き合えるようにサポートできる人は、圧倒的なリーダーです。誰もが自分の意志に向き合えるようにすることが大事だし、弱さをさらけ出せることも大切。要するに、チームのメンバーがそのチームにいると自分と向き合えて、自然と弱さも出せる状態の文化を作れる、それが理想のリーダーなのです。

今回の日本代表の試合前、選手たちは弱さもさらけ出せていました。強さの象徴と見られるような選手が、「緊張して寝れませんでした」とインタビューで言っていました。これは、リーダーたちを中心に作られたチームの文化でした。家族感を大切にした監督の意向も当然ありますが、彼らが本音で話し合い、心の底から「いいチームになりたい」と願った結果でしょう。

高濱タックル

今回のワールドカップについての中竹さんの話を聞いていて、一番驚いたのがリーダーグループのことでした。

私の頭の中にある「リーダー」のイメージが、じつはとても時代遅れで、新しい組織論の時代に入っているということは大変学びになりました。

所属員が幸せか、成長しているかが一番大切だとすると、正解

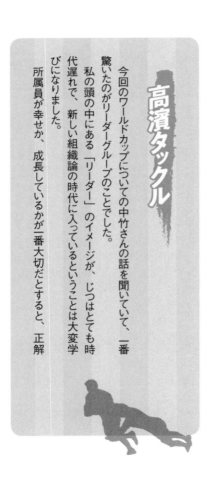

は一つではないし、多様なリーダーのあり方があってよいのでしょうね。

リーダーを育くむ人を育てる

今回のラグビー日本代表チームには、リーダーグループがありました。そのリーダーたちも固定ではなく、何度も入れ替えがあります。要するに、みんながリーダーを経験するということです。

8人くらいのリーダーと呼ばれる役割をする人たちでMTGを行います。そこで何をするかというと、彼ら自身でチームについて徹底的に考えてある程度の方向性を決めます。そして、それをリーダーが自分のチームに持ち帰り、3〜4人のメンバーと共有して意見交換するのです。その3〜4人のチームをどうやって作るかというと、これもポジションに関係なく横断的にメンバーを選びます。

そのメンバーで、「この方針、ぶっちゃけどう思う？　今度どうすればいいと思う？」という話し合いをするわけです。このくらいの人数だと、ちゃんと全員が意見を言えます。そして、リーダーが自分のチームの意見を持ち寄って、さらに議論を深めるのです。こうすることで、常に全員がチームの方針に対して意見を言っていることになります。

要するに、ここでのリーダーとは、引っ張ることやまとめることをメインの役割とするのではなく、チームのコミュニケーションの核になるという役割です。

こうして徹底的にコミュニケーションをとっていると、試合のときや、いざというときに微調整が比較的簡単にできます。すべてのメンバーがチームに対して意見を言うし、言えるような仕組みになっているからです。

今回はそのチームリーダー制にプラスして、リーダーグループにメンタルコーチがつきました。呼び名は「メンタルコーチ」から、最終的には「パフォーマンスコーチ」としていました。彼の役目は、チームリーダーのコミュニケーションスキルをアップさせることです。チームミーティングなどにも参加して、「なんであのタイミングでちゃんと言わなかったの？」とか、「議題について違和感あったんだよね？

今回は言えなかったけど、次はどう提案する？」といったフィードバックを重ねました。

私は今、U《アンダー》20、U19、U17の日本代表コーチを統括しています。U17からリーダーグループ制度を取り入れているので、その運用ができるコーチを育成しています。

高校生の場合、学校の先生と生徒という関係になってしまいがちです。だからこそ、学校生活以外の面では、意識的にコーチとしての振舞いに変えていく必要があると伝えています。また、コーチだけの研修の場では、徹底的に自分を振り返ってもらいます。コーチングの仕方とか戦術ではなく、いかにコーチ自身が自分と向き合えているか、ということを大事にしています。そうしないと、コーチは自分のエゴを押しつけてしまいがちなのです。

監督のような立場の人が、自分のエゴを手放せるかどうかはとても重要です。それは親も同様ではないでしょうか。

高濱タックル

監督・コーチと選手の関係は、そのまま親子の関係にも当てはめることができるんですよね。「子は親の背中を見て育つ」という言葉がありますが、本当にその通りだと思います。自分のことはそっちのけで「勉強しなさい」とか、「本を読みなさい」とか、「自分の頭で考えなさい」と言ってしまう。でも、言っている本人がそれをしていないのなら、それではまったく子どもには響かない。

子どもは大人をよく見ています。本当に行動がともなっているか、口で言っているだけではないかを見ています。大人は言葉ではなく、行動で示すことが大切です。

あわせて大事なのが、他人と比較しないこと。他人との比較ではなく、昨日の自分、前の自分よりどれだけ伸びたかに注目するのです。

この価値観は人生においても大事なものになっています。他人と比べて一喜一憂するのではなく、自分自身を見つめて一生懸命生きている姿を子どもに見せる。このように親自身が自分と向き合う姿勢は大切だと思います。

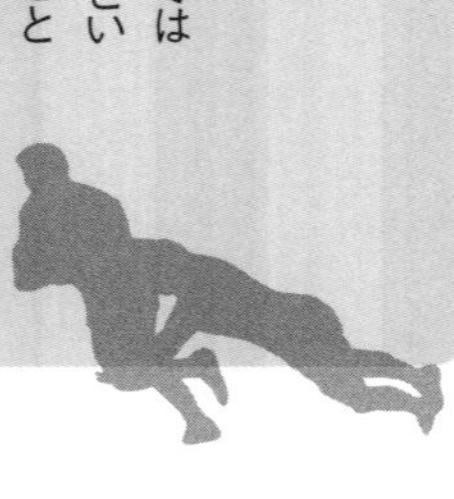

過去の事実は変えられないが、その捉え方は変えられる

アスリートは、他者との比較でレギュラーを獲得できたり、試合の勝ち負けが決まったりします。だからこそ、自分の得意なこと、好きなことを出発点にしないと、ずっと他人軸で戦ってしまうことになります。何度も言うように、他者ではなく、過去の自分との比較で考えることが必要なのです。

過去と比較すると、「これができるようになった」だけでなく、逆に「これが前よりもうまくできなくなった」と思うことがあります。でも、そうやって自分を正確に見て過去の自分と比べることでしか伸びていく方法はありません。

とはいえ、言葉にするのは簡単だけど実践するのはかなり難しい。だからこそ、的確なトレーニングが必要になります。

私は、選手やコーチにはマトリクスを使って教えています。次ページのマトリクスだと、「過去の他人」は絶対に変えられない。だから、それについてはどうこう

言わないようにする。できることは、今後（未来に）「自分が何をするか？」だけです。**コントロールできないものに対して文句を言ったり、嘆いたりしていると、どんどん抜け出せなくなります。**コントロール可能な自分の未来に意識を転換していくことが大切です。

一つ付け加えておくと、「過去の自分」、「過去の他人」は変えられないけれど、過去の事実（自分・他人の行い）についての「捉え方」は変えることができます。ここがポイント。そして、それができるのは、「今後どうしていくか？」を考えたとき。つまり、「未来の自分」を考えなければならないのです。

コーチをコーチしているとき、私は会話の中で、主語をよく確認するようにしています。

「それは選手がですか？　それともあなたがですか？」

それが選手の現状の話であった場合、「では、それについてあなたはどうするんですか？」と聞きます。

コーチは、「この選手は、後半この場面で、このサインプレーを使えばこう活躍するだろう」ということを分析はできる。でも、確かに予見できる現象としてはその通りかもしれないけれど、分析して終わっていたら意味がないんです。

「そこで、未来のあなたはどうするんですか？」ということが一番のポイントです。

コーチも自分が試合に出られるわけではないから、その分析を通して選手に何を求めるのか、そこで還元する「行動」を起こす必要があるのです。

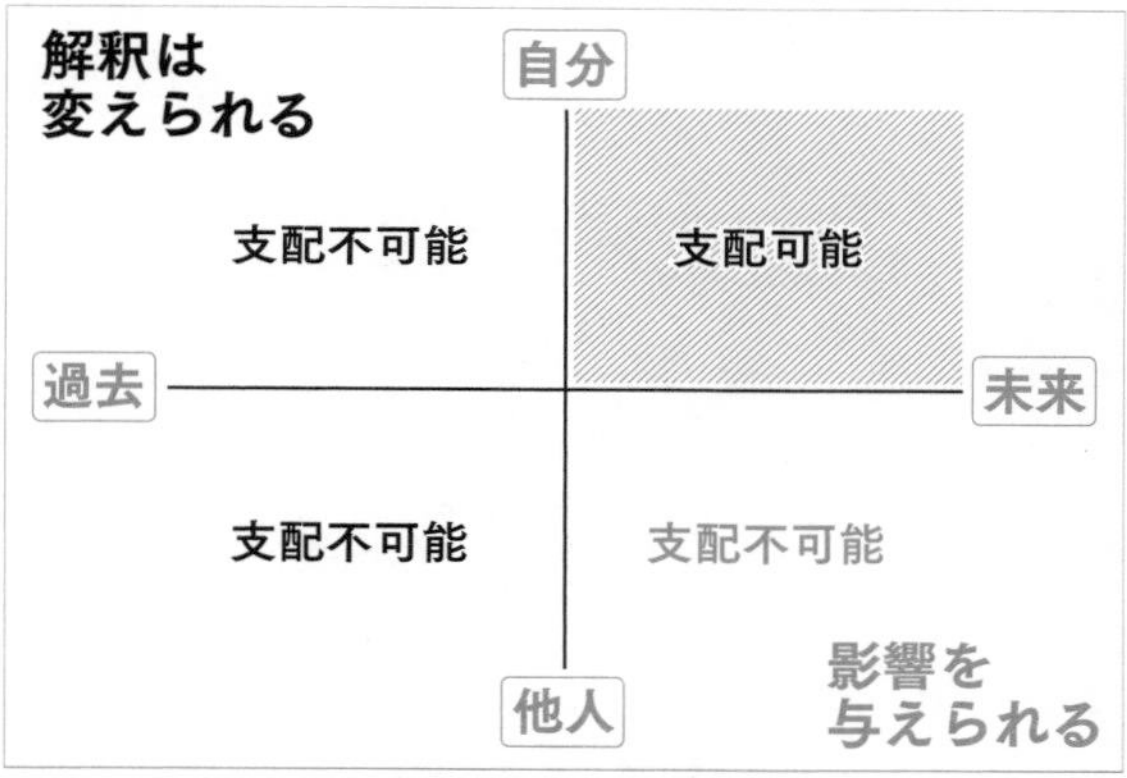

リーダーの集中領域

さて、未来の自分しか変えることはできないと話しました。でも、「あの自分の失敗には感謝したい！」と思うことができたら、事実は変わらなくても、その出来事の意味はまったく変わってきますよね。だから、選手には失敗を重荷と感じないように、気持ちや捉え方を転換する力が大事なんだよと伝えています。

高濱タックル

塾の世界でも、失敗経験をどう捉えるかに個性の違いが出ます。一つの失敗で点数が落ちたということだけに注目して、がっくりと落ち込んでいるAくん。間違った問題のできなかった理由に注目して、あ〜本番前にこういう間違いに気づいてよかった、次は頑張ろう！と思うBくん。成功するのは言うまでもなくBくんのほうです。過去の経験の「捉え方」こそが勝負なのです。

また、選手よりコーチである自分自身を振り返るという視点は、親子間にもそのまま生かせる方法だと思いました。

ラグビーが多くの人に感動を与えた理由

多様性のことを、ダイバーシティ&インクルージョンと言います。インクルージョンというのは、あらゆる人が能力を発揮できる環境のことを指す言葉です。それを実現させるためにもっとも大事なことは、「自己認識力を高めること＝自分とどう向き合うか」だと思います。

その自己認識力を高めるためには、これまでの話と矛盾するようですが、「いかに他者と触れ合うか」ということに尽きると思います。他者と触れ合った総量がものを言うのです。

それはなぜか？　**自分のことは自分ではよく見えない。だから他者と触れ合うことでやっと自分を知ることができるからです。**たとえば、相手が日本人じゃないまったく知らない人だと、何を話していいかわからないですよね。それでも、そこでどんな話ができるか。そうやって自分以外のいろんな人と話すことで、ようやく自分というものが見えてきます。

個性が違う、ポジションが違う、国が違う、体格が違う、文化が違う人と一緒にプレーするスポーツがラグビーです。自分とは違う世界にいる人と一緒にプレーすることで、学べることがたくさんあります。

ラグビーは、選手の体格や特徴が均一化しないように、あえてルールを多様化させているという側面があります。体の大きい選手、小さい選手、足が速い選手に遅い選手、みんな一緒にプレーできる。ラグビーが多様性を認めるスポーツ、ラグビーをやっていると多様性が身につくと言われる理由はそこにあると思います。体が小さいのに強い人を見ると、「自分ってまだまだだな～」と思います。

ところで、ラグビーはある時期から2種類に分かれていました。日本で「ラグビー」と呼ばれているのは、「ユニオンラグビー」というものです。

これに対して、一時期人気になったのが「リーグラグビー」。ユニオンラグビーから少しルールを変えて、プロのスポーツとして見やすい、ボールがスピーディに動くものでした。その影響で、今回のワールドカップでやったラグビー（ユニオンラグビー）が一時衰退したことがあったのです。

リーグラグビーは人気が出たのですが、ラグビー協会はそれに傾倒することはありませんでした。改めてラグビーの本質、ラグビーの原則を考えた結果、ラグビーにとって一番大切なのは「多様性」だとの結論に至ったからです。

プロ化されたリーグラグビーでは、8人で組むスクラムがありません。3人で組む簡易なスクラムがときどきあります。主として走って相手を抜く。スピーディで展開も早い。でも、スクラムを組まないので体の大きな人はプレーできなくなる。当然、足の速い人だけが活躍します。見てわかりやすいので人気はあったのですが、ラグビー本来の多様性が失われてもいたのです。

ラインアウトでは背が高い人が活躍し、たくさんボールを回すためには小さくて俊敏な人が必要……いろいろなポジション、いろいろな特性を持った人が活躍できるのが、ラグビーの精神として大切なことなのです。

そうした多様性を持たせることで、多くの人に愛されるようになったという歴史的事実もあります。そこに立ち返って迎えたのが今回のワールドカップでした。簡単で安易なほうに流されなかったからこそ、多くの人の心を捉える感動のシーンをたくさん生んだのです。

型破りなキャプテンとともに学んだ1年

私が早稲田の監督に就任して3年目のこと。チームの大きな方針となるその年のスローガンは、「ダイナミック・チャレンジ」でした。

前年度、早稲田は優勝しました。しかし、今度はメンバーが違います。前年度のチームのあり方を見直した私は、新たな挑戦をしない限り、その年の優勝はあり得ないと考えていました。

そこで、「大胆な破壊と創造をしよう！」との思いを込めたスローガンを掲げました。豊田という選手をキャプテンに起用したのもその一環です。

豊田は、1年生からレギュラーとして活躍してきた、とても優秀な選手でした。その一方で、世間が期待する理想のリーダー像とは対極にあると言っても過言ではない選手でもありました。わがままでチームの和を乱すし、勝手なプレーや発言、その行動などで周囲の怒りを買うタイプだったのです。

私が彼をキャプテンに推したとき、メディアやOB、ファンからは一斉に、「豊田で大丈夫なのか？」という声が上がりました。しかし、私が掲げたスローガンにはぴったりの選手であり、キャプテンは豊田しかいないと私は考えていました。

もし保守的なキャプテンを選んだら、そのキャプテンがチャレンジングな戦術を考えて実行しようと言っても、ほかのメンバーが本気にならないだろうと私は思いました。そういう意味で、豊田の人格はスローガンにぴったりだし、選手たちに「今年は本気でダイナミック・チャレンジをするんだ」という方針を浸透させる効果も期待できました。ですから、まわりが何と言おうと、私の信念が揺らぐことはありませんでした。

豊田には次のように伝えました。

「外野の声を気にすることはないよ。何を言われても『豊田らしくあれ！』だ。キャプテンらしくなんてことは考えなくていい。豊田らしさを貫けば今年は勝てる！」

豊田も私の信念を充分に理解し、既存の枠にとらわれない主将になると誓ってくれたのです。

春のシーズンの最後、フランスの学生代表との交流試合。あろうことか彼は相手選手の頭をスパイクで蹴って、キャプテンながらレッドカードで退場という失態を演じました。相手が審判に見えないところで反則を重ねていて、腹に据えかねたという事情があったにせよ、キャプテンは本来、熱を帯びて一触即発という空気をたしなめる役割を担うものです。それを自ら導火線となったのですから、本当にあり得ないことです。当然大問題になりましたが、私はキャプテンを代えませんでした。

「確かに蹴ったのは悪い。きちんと謝罪と反省はすべきだ。でも、このままキャプテンでいてほしい。そしてこの逆風の中、最後には優勝という形に持っていこう。スタイルも変えるな。おとなしくなるな。お前はお前らしくだよ」

豊田は反省しつつも、彼らしさは失いませんでした。その後も練習試合でレフリーや相手チームの選手に暴言を吐くことがありました。一般的にはキャプテンらしくはありませんでしたが、チームは絶好調で無敗が続いたのです。

ところが、秋のシーズンが始まり、全国大学選手権の予選でもある「関東大学ラグビー対抗戦」で、早稲田は帝京大学に手痛い負けを喫しました。行き過ぎたダイナミック・チャレンジが、その負けの主たる原因でした。勝利というゴールのためのスローガンにもかかわらず、スローガンが目的化し、ゴールを見失ってしまったのでしょう。

次に活かせばいいのだと、私はすぐに気持ちを切り換えられたのですが、選手たちのショックはそう簡単には拭えませんでした。なんとあの豊田がチームメイトに、「何か悩みはないか?」、「みんなで話し合おう」と、今まで暴言を吐き続けていた姿からすれば180度の「大変身」をして、なんだか気味が悪いくらいでした。手痛い1敗を喫して自らの責任を感じた豊田は、自分らしさを捨て、世間がイメージするようなキャプテンらしく振舞おうとしたのです。もしかしたら、素直な彼の性格が無意識的にそうさせたのかもしれません。

この豊田の変貌が招いたもの、それはチームの不調でした。キャプテンらしい振舞いは、彼から持ち前の闘志を奪い、そのプレーまで変えてしまいました。皮肉なことに、メディアやOB、ファンからの豊田への評価は上がったのですが……。

その後は、その年弱いと言われ続けた明治大学を相手に再び負けを喫し、ついに崖っぷちに立たされました。残すは「全国大学選手権」。これはトーナメント戦で、一度負けたらそのシーズンは終わりというものです。

「中竹さん、僕らしさって何ですか？」

私は豊田のこの言葉を待っていました。「自分らしさとは何か」、その重要性に自ら気づいてほしかったのです。私は彼に自らを「振り返る」ように促しました。

「確かに春や夏のシーズン、僕はひどいキャプテンだった。暴言は吐くし、退場にもなった。でも、チームはほとんど負け知らずで勢いがあった。一方、今の僕はいいキャプテンになろうとしていますが僕らしくはない。そして、チームもどんどん弱くなっている……」

豊田は気づきました。自らの自由奔放なめちゃくちゃぶりがチームの強さを支えていたということに。最初に優勝までのシナリオを描いていた通り、彼が彼であることこそが、チームのダイナミック・チャレンジの象徴だったのです。

彼の顔がパッと明るく変わりました。翌日から何事もなかったように、「暴れん坊のキャプテン」に逆戻りです。これが豊田らしいところでもありました。みんな面食らっていましたが、それでもチームは再び活気を取り戻し始めたのです。暴言を吐き、反則すらするキャプテンを支え、チームをまとめる役割、サインを出す役割など、そもそもキャプテンが担う役割を、ほかの得意な選手が豊田から奪い取り――という自律的なチームとして動き出したのです。

この年、対抗戦で2敗を喫しながら、全国大学選手権で優勝するという前代未聞の快挙を成し遂げました。

シーズンが終わったのち、突然リーダーらしく振舞うようになった理由を本人に聞いたところ、帝京戦での敗戦後、歴代のキャプテンに電話で話を聞いたり、リーダーシップの本を読んだりして、学んだことを一つひとつ実践したと言うのです。

人は自信をなくしたり、スランプに陥ったりしたときに、自分の役割、その役職らしさに頼ることが多い。そのほうが失敗したときに、「リーダーらしくやった」という、ある意味で納得できる逃げが打てるからです。

つまり、そのほうが「ラク」なのです。逆に言えば、逆境のときに自分らしさを貫くのは本当に大変です。うまくいかなかったときに、それはすべて自分の責任になるのだから。

でも、本当に納得がいくのはどちらでしょうか。「自分らしさ」という最大の武器を持って挑んでいくほうが、ストレスもプレッシャーも少なく、持てる力を最大限に発揮でき、圧倒的にゴールを達成する確率は上がります。たとえそれがうまくいかなかったとしても、「やり切った！」という満足感が得られるのではないでしょうか。

この話の結論は、**「自分らしさに、よいも悪いもない」**ということです。自分らしさに期待をかけ、自分らしさを貫く勇気が大事——そのことを教えてくれる事例ではないかと思います。

高濱タックル

まわりから見ると決して褒められたものではない「自分らしさ」を貫くことは、容易なことではないと思います。しかし、書かれている通り、それは人生の神髄とも言うべきもので、この場合、力になるのはたった一人誰か、「そのままでいいよ」と認めてくれる存在がいるかどうかだと思います。ここにコーチというものの存在の価値が確かにあるのでしょうし、親が子どもに果たせる大切な役割を教えてくれます。

チームが伸びる瞬間

ラグビーは多様性のスポーツ。多様な強みを持った選手が活躍できる。しかし、それでも「花」となる選手と「土」となる選手とには分かれます。そして、花を咲かせるためには、肥えた土になる選手がいないといけないのです。そのときに、**エース（花）という自分を輝かせるために、自己犠牲を厭《いと》わない仲間がいる、ということにエース自身が気づけるようになると、そのチームは強くなります。**

逆に、「俺が強いからチームが勝てるんだ！」と、エースが調子に乗っているチームは、その伸びに必ず限界がきます。花である自分が偉いんだと勘違いする人が出てくると、自分のことにばかり目が行ってしまうため、チームとしての伸びしろがなくなってしまいます。プロスポーツでも、スター選手ばかりを集めているチームが強いかというと、そういうわけではないですよね。

チームの作り方からすると、花の人が勘違いをし、土の人がコンプレックスを感じている状況はよくありません。**ベストな状態は、お互いにリスペクトして感謝し合うこと。そういう文化を醸成できないとチームは勝てません。短期的に勝つことはあっても、勝ち続けるチームにはなれないのです。**これは社会、会社でも同じではないかと思います。

お互いをわかり合っていくプロセスというのは、少年が大人になるプロセスに似ています。ぶつかり合って話し合い、またぶつかって、また話し合う……という繰り返し。ときには、「お前みたいな振舞いしているやつのためにプレーしたくない」みたいなことを、はっきりと言うべきときもある。肥えた土になろうとしている選手が、「今までお前はエースできたかもしれないけど、そんな考えや態度じゃ誰も助けてやれねえぞ！」ときちんと言えるかどうか。それはとても大切なことです。

一方、エースだって黙ってはいません。「悔しかったらやってみろ！」という思いもある。なぜなら、確かに才能もあったかもしれないけど、誰よりも努力してエースのポジションを掴み取ったのです。当然そこはぶつかります。

面白いのは、結構そういうのは融合してくることです。どういうことかと言うと、強いチームになるときというのは、「花」の選手が時々、試合中の大事な場面で「土」になったりするのです。その姿を見たら、いつも花を花にするために体を張って土になっている選手たちは闘志をかき立てられます。

「こいつ、この場面でそんなプレーするんだ！」と意気に感じるのです。観客のみなさんには、花の選手が土の動きをしたかどうかはわからないと思いますが、チームメイトと監督にはわかる。そこで絆のある強いチームになっていきます。

人間というのは、リスクを本能的に恐れます。リスクを避けるように避けるように体は反応します。この土になるプレーというのは、どこかであえてリスクを背負いにいくところがあって、その勇気に人は感動します。そして、勇気というのは伝染します。ある選手の勇気がチームメイトに伝染して勇気を与え、それが見ている人にも伝染する……。今回のワールドカップがまさにそうだったと思います。

高濱タックル

花と土の話は、社会に通じるものだと感じ入りました。社会にも多様性を持ったさまざまな人たちがいて、それぞれの強みを発揮して成り立っています。

いろいろな人たちがいる中で、私たちはどういうふうに生きていったらよいのか。ポイントになるのが、「魅力的な人になる」ということ。「あなたと一緒にいたい」と思われる人になれるかどうか。それには、「自分らしく輝けているかどうか」が大切で、そ

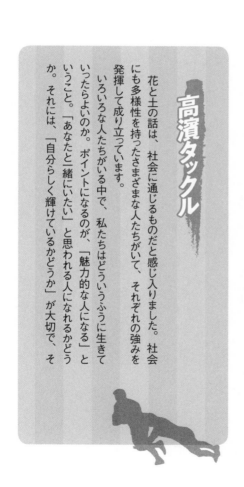

こから魅力が生まれてくるのだと思います。
それにしても、ラグビーに感動したのはただ勝ったからではなく、そこに勇気があったからなんですね。勇気とは感動を与えてくれるものなのです。

スポーツに学ぶ「ヒューマンスキルの育て方」

ビジネスリーダーを育成するときに、「なぜスポーツを使うのですか？」とよく聞かれます。それは、私がスポーツのコーチ出身だからという理由だけではありません。

スポーツには勝ち負けがあります。試合があって期限も決まっている。したがって、目標を立てて準備をして行動する、終わったら振り返るということが、すごくシンプルにできます。

もちろん、ビジネスでもPDCA（プラン・ドゥ・チェック・アクション）が重要だというのは常識です。でも、比較的長いスパンでそれを行うことが多いはず。10分程度の打ち合わせなどでは、正直ほとんど意識されていないのではないでしょうか。

「今日の打ち合わせで決めるんだっけ？」

「時間だからまた改めてやろうか」

これではもったいない。

じつは、スポーツ界にはこのノウハウがたくさんあります。「10分ドリブル」とか「5分パス」といった練習があって、この5分でパスをうまくしたいのか、キックをうまくしたいのか、コーチはそれを考えて行います。同じパス練習でも、キャッチをうまくしたいのか、スローをうまくしたいのか、そのゴールが違えば練習内容も異なるのです。

話を戻すと、私がスポーツを使うのは、「ヒューマンスキル」だけを見られるからです。スポーツというのは、人間の動作がメインであり、道具がいくらよくても人間が強くならないと勝てません。ビジネスの場合には、プロダクトやサービス、市場がよければ、正直どうしようもない社長と社員でも利益を上げられることが絶対にないとは言えないでしょう。スポーツはそういう意味で、ちょっと特殊な分野だとも思っています。

スポーツから学べるエッセンスとしては、シンプルに自分たちの時間を区切ってゴールを決められるということ。コーチングも同じで、ゴールを決めて実際にやってみることができる。一番大事なのは「振り返り」です。メンバーと一緒に振り返ること。

「今日のゴールはこれでしたが、何か得られましたか？」

「30分終わりましたが、今日のコーチはどうでしたか？」

たとえば最初に、今日みなさんは1時間の中で何を得たいかと聞きます。それが私のゴールです。そこで、みなさんにその何かを持ち帰ってもらうというゴールに向けてすべてを組み立てます。

コーチングも同じです。問いかけは「手段」ですので、ゴールに向かってどの問いかけをすればいいか、ということを綿密に組み立てていきます。これには質問力や傾聴力がないと完璧にはできません。とりあえず、一方的に思いをしゃべり続けるよりは、問うこと、聞くことをたくさんやったほうがうまくいきます。

高濱タックル

人生の難しさは、「どういう枠組みを作ればいいのか?」ということが人それぞれで、ひな形が決まっていないという点です。スポーツの場合は、そういう意味では制限があるので、逆に戦略を立てやすいのかもしれないですね。

そのスポーツで学んだことを応用することで、自分なりに人生の枠組みを考えられるようになるのは魅力ですし、人生に必要なことだなあと考えさせられました。

企業コンサルタントの木村尚敬さんは、『SD20 20歳からのセルフデザイン』という本の中で、「恋愛で相手の心を学び、チームスポーツでヒューマンスキルを学ぶことが大事」と言っています。スポーツを通して学べるものについて、これからもっと認知されていくでしょう。

最大のパフォーマンスが発揮できる瞬間とは

ラグビーにかかわらず、本当のパフォーマンスを発揮できる状態のとき、人はよく「ゾーンに入っている」と言います。その状態について考えるときに、私はよく「セルフ」という考え方を例として用います。自分の中に、セルフAとセルフBがいるというふうに考えるのです。

セルフAの自分は、「どうしたい？」「過去の自分はどうだった？」とか考えています。一方のセルフBは、「こうする！」という「今、この瞬間」の状態です。そして、**本当のパフォーマンスが発揮できるのはセルフBの状態なのです。**

スポーツはその最たるもので、瞬間瞬間の勝負であり、頭で考えていたら負けることが往々にしてあります。頭で「こっち方向かな？」と思っても、瞬間的に体が違うと判断して別方向に動くことが実際にあります。その瞬間的な判断が、勝敗を分けたりします。

でも、社会的に見ると、セルフBはセルフAにマウントをとられています。未来の心配と過去の後悔、そのすべて持っているセルフAが日常の判断のほとんどを担っていると言っても過言ではありません。

ラグビーも頭を使うスポーツで、セットプレーがあります。スクラムやラインアウトと呼ばれる、審判の笛が鳴ってから、決まった形でゲームを再開するプレーのことです。これは、何度もシミュレーションを行い、練習を重ねます。そのときの判断は、往々にしてセルフAが行います。

でも、頭で考えたことは誰にでも考えることができるわけで、そうしたプレーがきれいに決まることは、そうそうあることではありません。それよりも、いざというときにセルフBがパッと出てきて、自分でも予想しなかった動きができたときに、まわりの度肝を抜くような見事なプレーとなるのです。そんなふうに、自分のスイッチをセルフBにパッと持っていけるかどうかが重要です。

では、本能だけでプレーすればいいかと言うと、もちろんそういうわけではありません。試合中は両方をやらなければいけません。セルフAを発揮して、「このあと、どう蹴ればいいか？」と考えるときもあれば、スクラムからボールが出てきたら、セルフBに切り替えて瞬時の判断で動ける状態にすることが求められる。そういう意味で、ラグビーはセルフAもセルフBも自在にコントロールする力を求められるスポーツだと言えます。

ほかのスポーツ、たとえば野球の場合なら、バッターボックスに入るときにセルフBを作っていくことが求められるでしょう。

その前段階では、セルフAで投球パターンを分析したり、未来について考えたりすることが必要ですが、ピッチャーが投げる約160㎞の球に対しては、セルフAで対応するのは難しい。ピッチャーの手から離れたボールは、わずか0・4秒ほどでホームベース上を通過してしまうのですから、「ああしよう、こうしよう」なんて考えているヒマなど、どこにもありません。

なぜセルフBが活躍できるのか。それは「没頭」できるからです。要は、集中しすぎるくらいに集中できるということ。そうした状況を作るにはどうしたらよいかと言うと、何よりもまず「好き」になることです。だから、私は選手たちに「好きなプレーは何？」と聞くのです。

好きなプレーをしているときは、「まわりを気にしない」ということがあります。

好きだから自然とやっていて、スムーズにセルフBになれる。だから、「好きなプレーを増やす」ということを意識的にしていくといい。楽しい時間の連続ですね。

そして、得意なプレーと好きなプレーはしっかりと分けて持っておきます。

すでに述べたように、選手同士で「好きなプレー」を共有しておくことで、そのプレーを応援したり、サポートしたりできる。その結果、チームワークもよくなっていきます。すると、プレッシャーがあっても「楽しんでやれる」ということが増えてゆくのではないでしょうか。

それは日常でも応用できます。勉強でも遊びでも、わが子の「好き」を増やしてあげることが大切だと思います。

高濱タックル

ラグビーというスポーツを通して、魅力的な大人が持っている「あり方」が学べるということがわかりました。中竹さんは、指導者の指導法にも精通している、スポーツを通してつけられる多様な力にも詳しい。それはそのまま、「親子関係」に還元できるものだと思いました。

親が教えられそうで教えにくい、子どもが社会で仲間と活き活きと生きていくときに必要な力の育て方が、ラグビーの指導の中には溢れているのだとわかりました。

4 特別対談 vs. 高濱正伸さん

たかはま・まさのぶ

花まる学習会代表。

1959年熊本県生まれ。東大農学部卒。1993年、「この国は自立できない大人を量産している」という問題意識から、「メシが食える大人に育てる」という理念のもと、学習塾「花まる学習会」を設立し、以降全国各地で教室を展開している。また、保護者を対象とした講演会なども精力的に行っている。著書に「小3までに育てたい算数脳」（小社刊）ほか多数。

ラグビーワールドカップ日本大会を振り返って

なぜラグビーに感動したのか？

高濱　私は今日、講演会の帰りなのですが、講演会ではお母さんよりもお父さんのほうがすごいラグビーのファンになってましたね。みんなドーンと衝撃を受けたと。「ラグビーってこんなに面白かったのか！」と誰もが感じていました。

前回（2015年）は、南アフリカを破った一戦だけが注目されて「奇跡おめでとう！」みたいな感じで、明日になったらまたプロ野球やサッカーを観に行くという感じでしたけど、今回はワールドカップが終わっても、みんなの気持ちがラグビーのままで、「ラグビーこそ一番面白いでしょ！」みたいになっていた。

中竹さんは内部にいた方として、何か思い当たることはありますか？　これを仕掛けたからこうなったんだとか、ここは絶対打ち出していこうと狙っていたのが当たったとか……。それとも、たまたま結果的にそうなっちゃったっていう感じなんですか。

中竹 いや、予想を超えました。関係者でもこんなに盛り上がるとは予想していなかったし、みんな不安に思っていましたよ。

高濱 そうなんですか。

中竹 関係者は、「ラグビーはいいスポーツだ」ってわかっているけど、今までラグビー人気が出たことがないから……。昔人気があったのは早明戦とか早慶戦とかの学生ラグビーだったじゃないですか。

高濱 一時期、堀越*がどうしたとか、平尾**がどうしたとか、人気のある選手が出てきたときがありましたよね。

中竹 そうは言っても、人に紐づいてたり、頼ったり……。そもそも競技的にやっている人はみんな、「これはいいスポーツだ」と思っているけど、これだけ広がらないということは、心のどこかで「本当は面白くないのかも……」みたいなところ

*堀越正己（元早稲田大学ラグビー蹴球部、元神戸製鋼コベルコスティーラーズ選手。神戸製鋼では主将を務めた）
**平尾誠二（日本代表選手、日本代表監督を務めるなど、「ミスター・ラグビー」と呼ばれた名選手。2016年、53歳の若さで惜しまれつつ亡くなった）

がありました。

高濱　ワハハ、そうなんですか。

中竹　自分たちはいいと思っているんだけど、みんなには受け入れられないかも、みたいな不安感が、今回もちょっとあったんですよ。

高濱　人が集まったことがないとわからないものかもしれないですね。サッカーの人たちも、Jリーグが始まる前は「無理だよ……」みたいな感じだったようですしね。だって、それまでは本当に観客席がガラガラだったし。

中竹　コアなファンがそこそこいるから、完全に衰退はしないけどブレイクもしないみたいな。これほどメディアに取り上げられ、会場が満員になって、普通の人がラグビーの話題をして「ジャッカル」とか言っているなんて、信じられないですよ（笑）。

高濱　そうですよね。日本戦じゃなくても満員だったじゃないですか。あれはすごいですよね。完全に魅了されているという。今日のお父さんたちの言い方がすべてを表していましたね。「ラグビー面白いっすよね～」って。野球もサッカーもあるのに、ラグビーのどこに惹かれて、何で観に行ったのかなって。

ラグビーはコンプレックスがある人にいいスポーツ

中竹　私は福岡県中間市というところに住んでいたのですが、治安が非常に悪くて、若者は不良しかいないような町でした。そのことに危機に感じた大人たちが――僕の親世代ですね――このままこいつらを放っておくと不良にしかならない、それでスポーツを始めようとしたんですよ。そのときに、じつはサッカーチームを作ったんです。お父さんたちが有志で集まって。

団地ができて、宅地開発もされて、子どもが増えるぞと。よし、じゃあスポーツをやらないとみんな不良になるからって、それで募集をかけたんですね。

で、いよいよスタートっていうときに、集まった有志のおじさんたちは、誰もサッカーをやってなくて。唯一その中の中心メンバーの一人が、「俺、ラグビーやってたけど、今からラグビーに変えるか?」って言って（笑）。

高濱　えっ、そんな流れですか!?

中竹　そんな流れなんです。ほんといい加減な感じでラグビーになった。しかも、ほかの人はやっていなくて、コーチもラグビーを教えられる人がいないという。とりあえず、そのときの監督さんが熱く自分のラグビー論を教えていって、たまたま2つ違いの兄が、チームができてすぐ入ったんです。

高濱　何年生？

中竹　兄は小学校1年生でした。2年後に私も当たり前のように入ったので、6歳の頃から始めました。

高濱　それはタグラグビー（年少者や初心者向けのもの。タックルの代わりに腰につけたタグを取って相手の攻撃を止めることができる）とかじゃなくて？

中竹　まだタグとかなくて。全員ラグビーなんですよ。じゃあ、ちゃんと教えられたかというと、もう完全なるド根性練習で、「気合い！」しか言われなかったです（笑）。

高濱　田舎の風呂屋の親父が野球の監督をやるみたいなものですね。

中竹　そう、そんな感じ。で、たまたま住宅街のすぐそばの河川敷にグラウンドができて、そこで始めたんです。当然、サッカークラブも野球もあったんです。でも、まあ仲のいいメンバーが集まってラグビーを始めたと。

高濱　じゃあ、割と自然に集まったんだ。兄ちゃんもやってるしって。

中竹　そうですね。
高濱　で、辞めなかったんですね。
中竹　はい。でも、すごく楽しかったかと言われると、そんなに楽しくはなかったけど（笑）。一緒にやる仲間がよかったんです。
　あと、私はすごく足が遅くて……。
高濱　えっ、そうなんですか？
中竹　ええ。ラグビー選手としては致命的に遅いんですよ。今はそんなふうに見えないかもしれないですけど、体も細くて足も遅かった。取柄なしですよね（笑）。
高濱　フォワードもできないしね。
中竹　でも、やっているときに、「あ、これ足遅くてもごまかせるスポーツだ

ぞ」って気づいたんですよ。いろんな要素があって、別にポテンシャルにそんなに頼らなくても結構救われるスポーツだなと。野球だと、やっぱりセンスがないと打てないでしょう。

高濱　うーん、まあそうですね、打てないですよね。みんな順番に打つし。

中竹　ごまかせないじゃないですか。バッターボックスって自分しか入れないので。

高濱　確かに、さらされますもんね。

中竹　それは絶対無理だなって。でもラグビーは使えるぞって思った。

高濱　それ何年生くらいで思ったのかな。高学年？　それとも最初から？

中竹　最初からです。

高濱　足が遅くてもやれるかも、みたいな？

中竹　運動能力がそんなに高くない人間にとっては、ありがたい自己表現の場だな～って。

高濱　ほう。そういう意味だと今小学生の親たちにも希望のスポーツですね。

中竹　そうだと思います。だから、多くのラガーマンが「これはできなかったけど」みたいなコンプレックスを持っていますね。「本当は野球選手なりたかったけど」

とか、「本当はサッカーがやりたかったけど」とか。

高濱 でも、本当はサッカーでもっていう選手も確かにいましたね。

中竹 います。あと、体が小さくて、ほかでは活躍ができないかもしれないけど、ラグビーならすばしっこいやつは活躍できるみたいなのもあります。

高濱 それは結構大きいな。コンプレックスを持っている子でも居場所があるんだ。

それぞれが必要不可欠な存在

目立たなくても活躍できるスポーツ

中竹 そういう意味では、私にとってラグビーは居場所でしたね。プレーが途切れないスポーツって、いろんな局面があるので。サッカーだと、ボールをどれだけうまく蹴れるかが重要です。ラグビーの場合は、ボールを持ったり当たったり、ボールに触らなくても意外にチーム貢献ができるんです。もちろん相手を倒すタックルもそうですけど、仲間をサポートするんです。

ラックと言うんですけど、ボール触ってないんですよ、でも、「この人がいたからボールが出たよね」みたいな感じで、貢献領域がめちゃめちゃある。目立たないんですけど。

これ、なんかすごい居場所だなと思った。私は足が遅かったけど、人がやらないような泥臭い貢献をしていました。

高濱　たとえば？

中竹　ボールがこう回るじゃないですか。ほとんどもらえないんですけど、もしこの人たちがミスしたときに拾うような後ろのサポートというのがあるんです。ミスしなかったら活躍の場もないんですけど、まあ5回に1回くらいはだいたい落とすんです。でも、私がいることによってパッと拾ってあげられるんです。

高濱　へー。

中竹　だから、独走とかの華々しい場面はないんですよ。でも、「こいつがいたから相手にボールを取られなかった」みたいになるんです。

高濱　ミスを帳消しにする感じですね。

中竹　そうです。要するに、うまくいくと何の貢献も見えないけど、まあそういうミスがあると、私の貢献がわかるし、やっている仲間は、ミスがなくてもやっぱりわかるんです。こいつ目立たないけど、いつもカバーしてくれてるって。

高濱 それなりの目立ち方をするんですね。「あそこで中竹がカバーしてくれたからさ」みたいな。

中竹 そうそう。こいつ足は遅いし独走はないけど、こぼれ球はきっちり拾うな、みたいなね。

高濱 こぼれ球を拾うというポジションですね。

中竹 それはそれでやっぱり嬉しい。そんなに活躍できないんですけど。

高濱 面白いなあ。コンプレックスがあってもできるなんて。

中竹 コンプレックスのあるやつが、みんな来てるっていう感じですね。

私もそうやって始めて、早稲田でもそうだった。面白いことに、そのときに出ていたレギュラーのほとんどは、ほぼ同じ感覚だったんです。「俺らみたいなポンコツなやつらでも試合に出られるのがラグビーだよな」と思っていたし、早稲田は全然エリート集団ではなくて、アスリートとしては超レベルが低かったんですけど、口を揃えて、「いやー、俺たちには残された居場所があったよね」って。

花を花にするために肥えた土になる

中竹　キャプテンを務めていたときに、チームメイトによく言っていたことがあります。チームにはやっぱり花がいる。今回のJapanで言えば、福岡（堅樹）とか松島（幸太朗）とかですね。「彼ら（花）を本当に花にするには、肥えた土が大事なんだ」とずっと言っていました。

大学時代のうちのチームも限られていたんですよ、花が。3人しかいなくて、この本当に貴重な花の3人を、私たちみたいなポンコツ集団が土となって頑張って咲かせようって、すごく言っていましたね。それにやっぱり心から共感しているメンバーがかなりいたんです。

高濱　それは超イイ話ですね。

中竹　小学校、中学校、高校で、私のことを見ていた人間は、早稲田に行って試合に出ているなんて誰も想像しなかったですね。

親もそうで、「お前、無理だよ。その体の小ささと能力じゃ」って。そんなこと言われていた人間が、なんだかんだ自分の領域を見つけて頑張っている。早稲田のメンバーは、そういうやつが大半でしたね。

高濱　すごく興味深いですね。「3人の花を咲かせるためにいい土になろう」っていうのはどういうことなんですか。相手をこう引きつけて走らせるとか、そういう感じ？

中竹　一番のエースに一番いい球を渡すために、基本自己犠牲の精神ですね。自己犠牲をやっぱり喜んでできるチームにしたいなって思っていたので。

仲間内ではわかるんですよ。こいつのここにボール出したいんだけど、極端に言うとジャッカルされるっていうケースがあるんです。だから、ジャッカルを狙っているやつに当たっていくんですよ、阻止するために。

それって結構勇気がいるし、すごい危険なんです。私が杭を打つことによって、きれいな球が出てエースに渡る、みたいな。

高濱　ジャッカルを防いでいるなんて、こっちからしたら全然わからない。なんかゴニョゴニョやってるだけで。

中竹　私は、スクラムをメインで組むメンバーじゃなかったんですけど、スクラムを組む人間もそうですね。1試合通して、「あ、今日もボールに触らなかった」っていうのがある。特に稲垣（啓太）のようなポジション、1・2・3番なんかは、あれこそ一番きついですからね。ひたすら全力で押すみたいな。

高濱　確かにそうですね。

中竹　ボールにちょっとだけ触るけど走れない、みたいな。

高濱　この1ｍを稼ぐみたいな感じでやってますもんね。

中竹　自己犠牲の美学です。やっているメンバーからすると、まわりの感覚よりもはるかに高いんですよ。犠牲、体を張るっているのは。他者から認められなくても自分の中のアイデンティティとして。

高濱 体を張っての自己犠牲。自己犠牲というか、チームへの貢献の精神ですね。いや、本当にラグビーには大感動しました。魂を揺さぶられた。すごくよかったですよ。そういうのがいっぱい隠れているんですね。自己犠牲とか、他のスポーツにはないものが。広くみんなでやるには相応しいスポーツですね。

中竹 そうですね。

高濱 みんなに活躍の場がある。それは知らないもんな。ぜひ教えたいことです。

3人の花のために、12人は土になる。それぞれが自分の領域を見つけて、肥えた土になるんだ。

人が育っていく上での「学び」が、ラグビーには詰まっていそうですね。

ラグビーが引き出した日本人のアイデンティティ

ラグビーは人間の本質を磨く

中竹　高濱さんのアイデアというか思想とラグビーって似ている気がしてるんです。

高濱　それは、より本質に近いという部分でしょうか。同じようなスポーツに見えても、ラグビーは人の本質のほうに迫っている。自己犠牲の精神、リスクを背負う勇気。勇気には人を感動させる力がある。「体を張る」が評価基準だからこそ、魂を揺さぶられるし感動する。

中竹　フランスでは、「[*]ラグビーは少年をいち早く大人にし、大人に永遠の少年の魂を抱かせる」と、昔から言われています。南フランスは、もうラグビー大国なんですよ。ラグビーをやらせると、勇気が生まれたり、仲間を大事にしたり。そういったエッセンスがあるから、「みんなラグビーやろう！」という文化なんです。

高濱 フランス人って柔道の人口が世界NO．1だったり、奥の深いものが好きな印象があります。国の性質ですよね。

ウェールズのラグビー協会が日本の新聞に広告を出した

中竹 ウェールズの話ってご存知ですか？

高濱 新聞広告にウェールズから感謝のメッセージが載っていましたよね。

中竹 そうなんです。これ、じつは前代未聞の話なんです。今回、ウェールズのキャンプ地が北九州だったんです。そこでウェールズが公開練習を行ったら、なんとその会場に1万5千人のファンが集まった。普通でもそんなに入らないのに、1万5千人のファンが、ただ練習を見に来た。ウェールズってイングランドから侵略されているので、ウェールズの国歌って英語とウェールズ語の両方があるんですけど、公開練習のとき、突然ウェールズ語でのウェールズ国歌の大合唱が始まった。

＊ラグビー・フランス代表元主将、ジャン・ピエール・リーブ（Jean-Pierre Rives）の言葉。
Le rugby permet aux enfants de jouer comme des grands et aux adultes de redevenir des enfants.

選手は誰もそのことを知らなかったんです。

ウェールズで行われる代表チームの試合では、7万5千人のファンが、国歌とカロン・ラン（ウェールズ語の応援歌。ウェールズ代表が戦うほぼすべてのテストマッチの試合前に歌われる）を歌うんですよね。これを北九州で再現しよう、ウェールズの歌で包み込もう、という取り組みでサプライズをしたんです。

これに選手たちが本当に感動して、何人か涙を流したり、スマホで撮影する選手も出てきたり。その感動がウェールズの本国でも話題になったんです。

高濱　粋ですね。

中竹　それがきっかけで新聞広告につながったというわけです。

じつはまだ続きがあって、そのあと北九州市もウェールズの新聞に「ありがとう」という感謝の広告を出しているんです。世界中のラグビーの人たちが話しているのは、「日本でやったからこういうのが生まれたよね」って。

高濱　うーん、いいエピソードだなあ。

「おめでとう」から「ありがとう」へ

中竹　大会が終わってすぐ、田中（史朗）と廣瀬（俊朗）と、パネルディスカッションをやったんです。私が、「何か変化あった?」って聞いたら、結構これが面白くて、声のかけられ方が変わったたって言うんです。

２０１５年に勝ったときは、みんなからのメッセージのほとんどが「おめでとう」だった。でも、今回はほとんどが「ありがとう」だったたって。

これを聞いたときに、これも「感謝の交換」だなって思った。これが今回の大会の大きなポイントだったたような気がします。

高濱　確かに、ありがとうだった。みんなその気持ちでしたね。

中竹　私自身が関係者なので、確かに前回は、「おめでとう、おめでとう」って言われたんですけど、今回は「感動をありがとう」みたいな感じ。なんかこう、「ありがとう」って言える関係性っていいですよね。ファンも含めて「ワンチーム」になった感じがしました。

高濱　なるほどね。それは日本で覚えたんだ。

あとやっぱりあれですね。いろんなチームがすべてお辞儀するようになった。

中竹　そうですね。ニュージーランドもやってましたね。結構可愛いのが、みんなタイミングを揃えるのがわからないから、ずっとキョロキョロしていて。あれ、すべてのチームがやりましたよね。

　それから、釜石でのカナダ対ナミビアの試合の話も印象的でした。台風で試合ができなかったのですが、両チームの選手が台風の被災地で復興支援活動をしてくれたんですね。

　後日、ある有名な選手が成田空港で座っていたときに、空港の職員とか一般の乗客から、雨と台風で試合をやれなくて全敗で帰ることになったのに、なぜ釜石に力を貸してくれたんですか、本当に感謝しています、みたいなことを言ったら、その言葉に対してすごく感動したらしくて、いや何か得たのは我々のほうが大きいかもしれない、みたいなことを語ってくれたんです。

高濱　そんなことがあったんですね。ラグビーは本当に「あり方」のスポーツですね。

中竹　今回のワールドカップは、今までにないラグビーの文化を作ることができたと思います。その理由は、日本戦以外の試合でも数字がよかったということもありますけど、それだけじゃないんですね。

ワールドラグビーの会長のビル・ボーモントが会議の中で、今回の大会が今まであった大会の中で一番よかったという話をしていました。その理由は、「違う文化でやれたこと、その文化が今までにないラグビーの雰囲気を作ってくれた」ということ。さきほど話した感謝の交換もそうですし、お辞儀をするとかもそうです。その土地になじんだワールドカップが開催されたことはすごく大きかったですね。

高濱　いいね。これぞ日本の文化だ。国をあげてもう一回やりたいな。

中竹　次やるならもっと巻き込みたいですね。

今の時代に望まれるリーダーシップとは

弱さをさらけ出せる強さ

中竹　今回、日本のラグビーが強くなった要因として、コミュニケーションと心理的安全性がキープされていた（＝できないことを言える）ということがあったと思います。

高濱　初戦は勝ったけどボロボロでしたもんね、みんな緊張してて。

中竹　「マジ緊張しました。一週間眠れなかったです」と、試合に出た選手たちが記者会見で言ってたでしょう。あれを普通に言える環境が、日常にあったことが大きいと思うんです。弱さを素直に言えるかどうかで、心理的安全性が確保されているかどうかがわかるし、あのインタビューを見たときに、「よくここまでさらけ出せるな」と感心しました。強いチームの一つの象徴ですよ。

高濱　なるほどねえ。

中竹　ラグビーという力強いスポーツの裏側で弱さをもさらけ出す。いい意味で両輪持っている。

高濱　それは監督が中心？

中竹　もちろん監督の貢献は大きく、ジェイミー・ジョセフ氏がチーム作りの方針を明確に打ち出し、「ワンチームでファミリー（家族）になる」ことを重視しました。同時に、リーダーグループも貢献しました。キャプテンのリーチマイケルをはじめ、本気でいいチームにしようとしていた。

２０１５年のときは、日本ラグビーの改革期でもあったので、知将と呼ばれたエディー・ジョーンズ監督（2012〜2015年日本代表監督。今回はイングランド代表監督としてチームを準優勝に導いた名将）のもと、トップダウンに近いマネジメントを行っていました。最終的には自主性も発揮されましたが、今回のチームよりは低かったと思います。

高濱 なるほど。監督の一段下でリーダーグループが活躍したのですね。

中竹 はい。それで、「さらけ出すことで強くなるのか？」とよく言われますが、他者を気にしないでいられるというのは強いです。

高濱 他人の視線を気にして、言い訳ばかりしている人もいますからね。

中竹 布石を打っている人ですね。本当の自分はもっとやれるんだけど、ほかの要因があって……とか言い訳するやつ。そうではなく、「自分は今こんなに緊張してダメでした」と言っているわけで、内容が自責なんですよね。

高濱 「俺がリーダーってどうなのかな」って言ってたのもありましたね。

中竹 そうですね。でも、リーダーは固定ではなく、何度も何度も入れ替えながらやっていて、最終的には8人でしたね。

リーダーというのは、メンバーを引っ張ったり、方針を決めたりするのが役目という感じですけど、今回は監督コーチ陣から出された案に対して、リーダーグループが常に話し合っていましたし、監督コーチ陣もリーダーグループから出た意見に任せていました。そうやって、練習や試合方針の説明などを、リーダーが中心になってやったんですね。

私が考えるリーダーシップって、どれだけ支えるかなんですよ。今までは一人のリーダーが引っ張ることばかり注目されていましたけど、すべてのメンバーが自分で引っ張る場面とチームを支える場面の両方がないとうまくいかない。

今回、リーダーが8人いたら、それに紐づく3～4人のユニットがあって、ポジションとは関係なく、いかにチームになるかということを考えているので、あえて普段しゃべらない人間同士でユニットを組んだりしているわけです。

31人選手がいて、スタッフも入れるとまあ40～50人になる。すると、たとえばMTGで、「今日の試合どうだった?」、「今日の練習どうだった?」、「今度のゲームプランはこうだけどどう思う?」なんて全員に聞いても、学校の教室と同じで、あんまり手が挙がらないんですよ。たぶん、花まる学習会の教室以外は(笑)。

高濱　大人こそ、手を挙げられない人ばかりですよね。

中竹　これで本当に戦略が浸透しているか、意見が吸い上げられるかってことなんです。面白かったのが、リーダーに紐づく彼らはみんな常にコミュニケーションをとっていて、みんなの前では言えないけど、「ぶっちゃけどうだった？」みたいな感じで、試合に出てる出てない関係なく話をしていて、リーダーグループがその意見を吸い上げて持ち寄り、そこでまた議論をして、それをまた監督たちに提案して修正していくということをやっていた。かなり多くのメンバーが、常にこうして人を支えてあげるというか、そういう立場になって動いたチームだったんです。

高濱　海外も同じようなことをよくやっているんですか？

中竹　リーダーグループはよく作りますね。特にラグビーはそういう文化がありま す。じつは、エディー・ジョーンズのときもリーダーグループがあったんです。すごく機能していたんですけど、そのときはエディー・ジョーンズが決めたことを伝達するのがメインの役割になっていたようです。

今回は伝達どころか、下から意見を吸い上げて、自分たちで変更もした。リーダーグループが機能していたので、試合中に本当に戦略戦術を変えられるんですよ。ラグビーの場合、結構ハーフタイムで切り替えるっていうのはあるんですけど、圧倒的なコミュニケーション量だったので、本当にゲーム中に、「ちょっとこれやばいな、これでいこうよ」みたいな感じで変えるし、微調整はかなりの量やっていましたね。

高濱　なるほど。監督がコート近くにいないのもラグビーの特徴ですものね。

中竹　すべてのメンバーがチームに対して意見を言える、言わなきゃならない。で、自分の役割がちゃんとあると思っていたんです。

今回試合には出られなかった選手にもちゃんと注目が当たっていて、メディア的に映りがよかったというわけではなく、本当に機能していたのでメディアに登場する機会が多かった。選手たちも、試合に出られない徳永みたいなやつのおかげですって言っていて。徳永を直接教えている私からすると、数年前と比較して、人間としての成長ぶりに感心します。

そうやってみんなが裏で支えていたってことだと思うし、その気持ちを素で感じていたチームはやっぱり強いなと思いました。

高濱　面白いな、これは。会社経営的にも役立ちそうですね。上から何か言われて「はい」「はい」でみんな死んでいくんじゃ、リーダーシップが機能しているとは言えない。そうじゃなく、自分が決めたり判断したりするのが面白いし、結局それがチームや会社を強くするんだな。

ラグビーの持つ普遍性と魅力

30年後のラグビーを考えている

高濱 ラグビーの魅力につながるキーワードがたくさん出てきましたね。しかし一番惹きつけるのは、体を張っているところだし、そこがほかのスポーツとも違うところなんですよね。自己犠牲の精神、あれがもう、見ている人の心を打つ。

中竹 そういう意味では、ラグビーは階級制ではないので、小さい人間も大きい人間も出られる。その中で対等に体を張り合うというのは、たぶんダイナミクスとしても大きいのかなと思います。

高濱 格闘技は、ほぼぜんぶ階級制ですもんね。階級がないことに醍醐味があるってことか……。でも、いまさらやれないよな〜。すぐにやりたくなっちゃうんだけど（笑）。

中竹　いえいえ、歳をとってからやっている人は結構いるんですよ。
高濱　大丈夫なんですか？　成立するんですかね、死んじゃいそうな気が……。
中竹　これもまた世界でルールがあるんです。たとえば、年齢によって短パンの色が変わってくるんですよ。
高濱　へー、ちゃんとシニアみたいなのがあるんですね。
中竹　そうです。パンツの色で年代がわかるので、年下の人が年上の人にタックルNGとか、ガーッと当たるんじゃなくて捕まえましょう、みたいルールがあるので、意外とみんな楽しめるんです。高濱さんに勧めているわけではないですけど（笑）。

ずっとやりたかったけど、そんなルールもあるんだということを知って、60代から始めましたっていう人が本当にいるんです。

高濱 鍛えるだけなら今ジムに行きまくっているから、俺もやればできるかな。

中竹 それすごいですね。絶対できますよ！

ところで、本文にも書きましたが、ルール改訂については何度も議論されているんです。スクラムはもうやめたほうがいいんじゃないかって。

高濱 あそこが一番危ないですよね。あの体重の男たちが前線でグッと構えるって。

中竹 今回は盛り上がってましたけど、それまではパッと見た人にはスクラムの意味がよくわからない。あれ別にいらなくない？……っていう声がありました。でも、ハマっていくとあれが面白いという人が出てくるんです。

高濱 何が面白いんですか。苦しいのが面白い、みたいな？

中竹 スクラムって、じつは体重と全然関係ないんです。もちろんあったほうがいいことはいいんですけど、今回のワールドカップでも、体重の重いところがスクラムに勝ったかというとそうではない。要はスクラムの組み方なんです。しかも、国によってその思想が違うんです。
たとえば、3人対3人だと真ん中に集まるようにしたり、力を前に押すチームもあれば、右に流していくチームもある。だから国によって、相手によって、ここには強かったけど、ここには弱いみたいな、ジャンケンみたいなことが起こるんです。

高濱　見ているだけでは全然わからないですね。

中竹　そうですね。私も組んだことないので、はじめは何でこんなに差が出るんだろうと思っていました。

高濱　ジャンケンみたいに相性があるんだ。

中竹　ありますね。それで、スクラムですごくいいなと思うことがあるんです。それは、スクラムがあることで生き残る居場所がある人がたくさんいるということ。

高濱　走る人じゃないですからね。

中竹　はい。スクラムがないと、多分ほとんどのゲームが走るだけになってしまう。そうすると、居場所がなくなる人が必ず出てしまうんですよ。

高濱　それぞれが必要不可欠な存在、居場所があるという選手の多様性がラグビーの魅力ですからね。

中竹 ラグビーのルールって毎年変わっているんです。ルールを変える基準はいろいろあるんですけど、ゲームをスピーディで面白くするにはとか、安全性をしっかり確保するにはとか、ラグビーそもそもの価値を高めるためにはとか……。

ラグビーの価値として、多様性を生み出すというコンセプトがあります。それで、何度も実験をしているんです。スクラムが減ったらどういうゲームになるか、スクラムがなくなったらどう選手が変わっていくか。シミュレーションをすると、やっぱりスクラムを維持することが、ラグビーにとってはすごく大事なんです。

高濱 ラグビーのよさ、面白さって、やっぱりこうやって考え続けて突き詰めているからこそなんですね。

中竹 リーグラグビーという、スピーディに展開するラグビーがあります。完全にプロ化された、見るだけのラグビーなんです。そのため、選手は細いアスリートなんですよ。スクラムを組むことがないので。

高濱 俊敏さのほうが大事になるんだ。

中竹 展開が速いので、見ている人は楽しい。一時期本来のラグビー（ユニオンラグビー）の人気が落ちて、リーグラグビーに行ったこともあったんです。

でも、途中からユニオンラグビーにみんな戻って来た。その要因は何かっていうと、そもそも原点は何か、ラグビーの原点は多様性だ、そう考えてファンも選手も戻って来たんですね。

これを機に、やっぱりただ観客にスピーディに見せるだけではダメで、グラウンド上に大きい人、小さい人、速い人、強い人が交じるようなゲームをしよう。そのためには、スクラムを守り続けないといけない、となったんです。

高濱 ラグビーの考えが浸透しているからこそですね。

中竹 ラグビーに関する研究所が南アフリカにあって、イギリスのバース大学と提携して様々な実験をしています。どうやるとケガが少なくなるか、どうやるとスクラムの組み直しがないかなどを毎年チェックしています。

私もその会議に出るのですが、それまではなんかコロコロとルールが変わるし、なんでこんなふうになっているんだろうと思っていました。でも、この会議を知って納得しました。本気できちんと議論を繰り返しているからなんだなって。

ワールドカップで稼いだお金もきちんと研究機関に入れて、30年後のラグビーをどうすべきかを考え続けている。他のスポーツでそこまで本気でルールなり競技のあり方を研究として捉えてやっているところはないと思うんですね。

その研究が始まったのは、ほかのスポーツに押されて、一時期本当にラグビー人口が減ったからなんです。だからこそ、ワールドラグビーは大いに反省し、ルールの基準の見直しや、普及に力を入れているんです。

先日、ワールドラグビー主催の世界コーチカンファレンスがあったんです。そこで出た一つのテーマが、「選手の負荷」について。トレーニングやゲームでの負荷では、体力的だけでなく精神的な負荷も高いとか、フルコンタクト（力を抑制せず相手選手に直接接触する）だとケガのリスクが高いわけですが、ここはメディカルの領域であり、フィジカル的な負荷になるとか、いろいろと検証するんです。「さすがこの団体、しっかりと考えているな」と思いました。

高濱　なるほど。そこまで考えている協会はなさそうだ。

中竹　今回のカンファレンスで出されたのは、「Life・Training・Game」の3つを大事にすべきということでした。

Lifeで言えば、選手の奥さんが子育てをワンオペで回しているのは苦しいはずだ、これだと選手が本当の意味で幸せになれないから、Lifeも大事にしないといけないとなったんです。

高濱　なるほど。そこまで見始めたのですね。

中竹　ケガをすると、契約がとれなくなって選手生命が終わってしまうかもしれない。そうなるとLifeが大切にできなくなります。そこで、協会側はこうした場合にLifeを大切にするにはどうしたらよいかと考えているんです。世界のラグビー協会の人が考えているということが素晴らしいと思いました。

つい最近までは、健康的な維持（welfare）が大切だと言っていたのですが、それが幸福の維持（well－being）になったのも素晴らしいと思っています。

高濱　自己犠牲について考えてきた集団である、ということがよくわかりますね。

「体を張る」ラグビーの世界的信頼

高濱　今回、キャプテンのリーチがワンプレーすると、急にみんながすごく動いたみたいなことがあったじゃないですか。

中竹　ありましたね。

高濱　確かに調子は悪そうなのに、彼が出ると流れが変わるみたいな……。

中竹　彼のプレーは「勇気」の象徴そのままだからでしょうね。やっぱり、みんなに響く感じはありましたね。

高濱　うんうん。

中竹　勇気って、意外と綺麗な技ではないんですよ。それって別にリスクを背負ってはいないので。

高濱　そうですよね。

中竹　それよりも、ここに頭を突き刺すかとか、ここでタックルに行くのか！といった、「体を張る」というのが軸にあるんです。

ラグビー界では人の評価をするときに、「あいつは体を張らないから」みたいに、そこがベースになってるんですよね（笑）。

高濱　「体を張る」は、重要なキーワードなんですね、評価基準として。

中竹　もうかなり高いです。日本だけかと思ったら世界中でそうでした。

高濱　まあ、でもすごく納得しますよね。体を張るという世界観には。「こんなところ行けないでしょ！」というところで行けるやつがヒーローというか……。「うわっ、こいつすげぇー」ってあるじゃないですか。

中竹　そういう意味で、ラグビーってちょっと異常なんです。普段から全然違うところで会っても、「たまたまお互いラグビーをやっていた」ってことで仲良くなれる。数あるスポーツの中でも、体を張ることを大事にしているラグビーをお前もやってるのか！って感じで。

　心が通じるだけでなく、信頼できるんだと思う。逆にそこで優越感に浸ってしまうとダメなんですけどね。

高濱　「え、違うスポーツやってんの？　それじゃねーよ」みたいな感じ（笑）。

中竹　はい（笑）。ちょっと上から目線に聞こえたら申し訳ないんですけど、本当にラグビーをやっているというだけで、海外で何度も救われたんですよね。

ある「想い」の結晶だった日本大会

恩を忘れないことは人として大事

高濱　日本でワールドカップができたのは、やはり森さん（森喜朗元首相、元日本ラグビーフットボール協会会長）の政治力なんですか？

中竹　はい、森さんですね。メディアの出方としては、森さんってあまりいいイメージじゃないと思うんです。でも、私の母校の先輩でもありますし、一緒に仕事していると、彼の本当に繊細な配慮と、きちんとした戦略は素晴らしいんです。そういう意味で、ラグビー界では世界中から本当にリスペクトされているんですよ。

高濱　えー、そうなんですか！　それは印象が変わりますね。

中竹　日本では誤解されているかもしれないけれど、世界の要人たちからは、彼の政治的な部分ではなくて人として圧倒的にリスペクトされているんです。

今は役職についていないので、あまり表に出てはいないんですけど、本人がいてもいなくても、必ずスピーチになると出てきます。「俺たちは森の想いを受け継いで、今回こうやってやってきたんだ」、「本当のフレンドシップがある」って。

高濱　それは、もうどこかで世の中に伝えるべきですね。知らないもの、全然。今回のワールドカップを日本に持ってきたことだけでも、もっと言われてもいいじゃないですか。

中竹　確かに。彼にしか持ってこられないですね。

ところで、「森さん、やっぱりさすがだな」というエピソードがあるんです。じつは、今回のワールドカップで唯一森さんが怒った場面があって、それはこの大会に招待する人たちのことでした。

日本で開催する初めてのラグビーワールドカップ。みんなどう運営するか、どうしたら日本が勝てるか、みたいなことで頭がいっぱいだった。でも、森さんだけは違った。まわりのことを誰よりも考え、恩を忘れていなかったんです。

「今回、ラグビーワールドカップを日本で開催できたのは誰のおかげだ」って。開催地に「日本」と票を入れるのは、相当にリスクがあったことなんです。その中で、日本に勇気を持って票を入れてくれた人たちがいた。今はもう現役を離れている会長や世界の要人の方たちなんですけど、その人たちにお礼をしないなんてあり得ないって怒った。

結局、森さんはご自身で彼らを招待し、おもてなししたそうです。めちゃめちゃ勇気があるし、配慮がすごい。「だからこそ、日本にラグビーワールドカップを呼べた！」と言ってもいいくらい、人や恩を大事にする人です。

高濱　筋を大事にする。さすがだね。世界中からリスペクトされるだけのことはある。誰に一番世話になったかを忘れないというのは大事なことですよね。

中竹　この話、高濱さんの「メシが食える大人にする」という考えと共通する点はありますか？

高濱　ありますよ。これは結構響くなって思うのは、不幸な人って、外の枠組みにとらわれているんです。年収がいくらとか、初任給がいくらとか、待遇がどうとかこうとか……。わかりやすいものに目がいきがちだけど、幸せになる上で、してもらった恩を忘れないみたいなことは、数値化の中には出てこないけど大事なことでしょ。本当に幸せになっている人の秘訣のような気がします。

中竹　なるほど、面白い。

高濱　みんな忘れかけているけど、昔の日本人は絶対それを大事にしていたと思う。武士道じゃないけどね。そういう意味で言うと、森さんみたいに輝きのある人生って、ラガー精神の一つの象徴とも言えますね。本当はすごい人なんじゃんって。

中竹　森さんが必ず挙げる人がいるんです。殉職した外交官の奥克彦《おくかつひこ》さん。

高濱　どういう方ですか？

中竹　外務省の外交官でした。森さんとよく似た経歴で、おふたりとも早稲田大学に入って、途中でラグビー部を辞めているんです。

奥さんは、有望な選手だったんですが、本人はラグビーではなく、世界で戦える外交官になりたいって言って辞めたんですね。本人は後々まで辞めたことを悔やんでいたようですね。

高濱 森さんも途中で辞めたんですね？

中竹 そうなんです。森さんは政治の世界へ進むために辞めた。でも、彼らみたいな想いを持って辞めた人は、ちゃんとOBとして認めようみたいな感じで。

それで、奥さんと森さんはワールドカップをどうやったら呼べるかをずっと打ち合わせしていたんです。奥さんは、日本の外交官の中でも圧倒的な交渉力と実行力を持っていた。イギリスの日本大使館員としてオックスフォードで研修を受けていたときにはラグビー部に所属してプレーもしていた人です。

それで、外交官の仕事をやりながら、ラグビー協会とは関係がなかったし、もちろん役職もなかったんですけど、外交官の立場から、どういうロビーでどういう交渉をしたらいいかを、森さんと本気で考えていたんですね。

森さんがいつも言うのは、ワールドカップ日本開催は奥克彦の夢だったんだということ。俺はそれにどれだけ応えられるか、どうやって呼ぶかを、奥と一緒に考えたんだって。

その奥さんは、イラクで亡くなっています。日本のイラク復興支援の先頭に立って活動していたんです。これも彼のいろいろなログに残っているんですけど、日本の外務省から、危険地帯なので絶対に外に出たらダメだし、交渉もダメだと言われていた。でも彼は、日本の歴史を見れば、何かあったらリスクを取らず、常に他国の後ろに隠れてきた。だから外交で弱いんだと仲間に語っているんです。「俺はラガーマンとして、ここで行かなきゃ日本は一生バカにされる」と言って出て行った人なんです。それで撃たれてしまったんですよ。

そのことは、一緒に働いていた人たちはみんなわかっていて、日本人だったけど、イラクの中では圧倒的なリーダーシップで、支援に参加していた他国の人たち全員を彼がリードしていた。もう別格の日本人だったんです。

その志半ばで斃《たお》れてしまった奥さんの想いをどうやって実現させるかに心から力を尽くしたのが森さんなんです。だから、毎回スピーチには出てくるし、彼のさっきの話ですけど、恩を忘れないというか……。

高濱　奥さんが亡くなったのはいつなんですか？

中竹　２００３年11月ですね。ワールドカップが決まる前です。ワールドカップが決まったのは２００９年でした。

英国留学の話

高濱　奥克彦さんは本当に超魅力的な人だったんですね。亡くなったあともすごい影響を与え続けている。

中竹　私は、奥さんには個人的にもお世話になっているんです。大学を卒業するとき、就職活動を一切していなかったんです。イギリスに行くことだけは決めていたんですけど、何も準備をしてなくて。

高濱　就職活動しなかったのはなぜ？

中竹　これは勝手な思い込みなんですが、早稲田でキャプテンになったことが、私の人生にとっては大きすぎるなと思って、そのまま普通に社会人になることはよくないと思ったんですね。しっかり振り返りをやるか、リセットしないといけないんじゃないかって思った。あと、就活しているとチーム作りが遅れるというのもありました。

高濱　4年の冬までやるんでしたっけ？

中竹　はい、4年の冬までやります。

高濱　それは就活どころじゃないですね。でもまあ、ラガーマンなら決まるでしょう、就活やればすぐに。

中竹　そうですね。本当なら3年の終わり、キャプテンになった頃から就活しないといけなかったんですけど、まあこれは無理だなと思って。それで、あとからいろいろ聞かれるので、一番いい答えとしては「留学」かなと。そうしたら、どこの国かって聞かれたので、適当に「イギリス」って言ったんです。それからは聞かれなくなったんですよ。「あ、中竹はイギリス留学なんだ」みたいになって。

高濱　ある意味自然ですよね。

中竹　それで一切何の準備もしないうちに卒業しちゃって、「やばいやばい」みたいになった。

高濱　みんなは就職が決まってた?

中竹　はい。それで、卒業する頃になって、「奥さんという先輩がイギリスにいるよ」ってコーチに教えてもらいました。それで紹介してもらって一緒に飲んだんです。

奥さんに、「お前何がやりたいんだ、イギリスで」って問われて、何も考えてなかったので、「人間学みたいな……。人間を追求したいんです」って言ったら、ぶち切れされました。

「お前みたいな中途半端なやつが日本からどんどん来るから、日本人が馬鹿にされ、イギリスもダメになっていくし、留学生がダメって言われるんだ。二度と来るな!」

と。

私としては、すごくいいアドバイスをくれると思っていたのに、初回からマジ切れされてしまった。奥さんって、身長が190㎝くらいあるんですよ。紹介してくれたコーチも、「こいつがこんなに怒られている、どうしよう」みたいになって。自分はあんまり怒られないキャラなので、これやばいなと思いました。捨て台詞は、「お前みたいなやつは二度と、絶対に来るなよ！」。険悪なままその日は別れました。

高濱 ほぉ〜。

中竹 そこからいろいろあって半年後に留学が決まりました。たまたまダイアナ妃が亡くなった翌日で、すごいことになっていて。でも、ヒースロー空港に行ったら奥さんが待っててくれたんです。もう満面の笑みで「よく来た！」みたいな。「なんだかんだ言って、行動するやつが偉いんだ」って言って。俺は今回、お前のために3日アテンドする。これからお前がイギリスで成功するために人を紹介してやるって。

高濱 な、なんでそんなことに？

中竹 はっきりとはわからなかったんですけど、とにかく、イギリスで本当に必要なやつを全員紹介するって……。いやもう超感激しました。

高濱 あんなにぼろくそに言われてもやって来た行動力を評価したってことかな。

中竹 洗礼を浴びせたというか、中途半端な気持ちなら来るなよって。

高濱 なるほど、圧迫面接みたいなもんだね。

中竹 実際それで来ないやつもいっぱいいるでしょうし、そもそも連絡とらないですよね。私は一応決まってから、「期待されていないだろうけど、いや本当に行きますから」って言ったら、空港で待ち構えていて。本当にそれから3日間、オックスフォードの街に連れて行ってくれて、みんな紹介してくれました。

高濱 その人脈はめちゃくちゃ生きてきますよね。

中竹 これが〝男〟だなって感じました。本当にそういう豪快な人でした。

高濱 なかなかいないね、そんな粋な人。

中竹 めちゃくちゃ多忙な人ですから、申し訳ないなと思ったのですが、「大丈夫、俺、電話で仕事するから」って言って、その頃は携帯が出たばかりだったんですけど、携帯を2つ持ち歩いて、ひたすら電話しながらアテンドしてくれました。

高濱 うわー面白い人だね、奥さん。会ってみたかったな〜。それで、留学って1

年くらい行ってたんですか？

中竹 私はダメ留学生だったので……。言葉がまず全然ダメだった。大学には行けず、語学学校には1年半くらい行きました。そんな留学生いないんですけど、ほかの国の中学生あたりと同じレベルの語学学校に行って、そのあとにディプロマという、学部と大学院の間のコースというのが1年あってそこに行き、最後はマスターというコース。都合3年半かかりました。

高濱 ちなみにお金はどうしたんですか？

中竹 完全に親頼みでした。だけど運のいいことに、留学2年目くらいに、日本でラグビーチームを作りたいという学校が現れて……。埼玉の女子高だったのですが、これから共学にするにあたり、入学してくる男子にラグビーをやらせたいから指導してくれないかという話があったんです。

その学校の理事長さんが、ラグビーをやるにあたっていろんな人に聞いたら、「それができるのは中竹くんしかいない」という話を聞いたそうで、わざわざロンドンまで会いにきてくれました。私はまだそのとき24歳くらいだったんですけど。

高濱 なんだか不思議な話ですね。

中竹　理事長の話を聞いて、私自身はそのとき日本にはいないけれど、今聞いたお話を実現することはできますと伝えました。それでぜひ、ということになりました。

高濱　アドバイザー的なことかな。

中竹　私がいいと思う人をその学校に呼んで、コンセプトを伝えてやってもらうという形です。今で言う「リモート・マネジメント」みたいなものですね。

そのコーチに私の考えをどんどん伝えてやってもらった。それで収入ができたんです。親の支援もゼロではなかったですけど、頑張ったら自分で生きていけるくらいは稼げるんだなと思いました。

これからの一つの課題

言語化することの大切さ

中竹　今回の大会は、言語化することの大切さを感じる大会でもありました。言語化することについては、高濱先生も大事にしているとおっしゃっていますが、なぜ大事なのでしょうか？

高濱　こういう経験があるんです。塾を始めました。自分一人で300人くらいの規模まで大きくした。ところがここから増えないんです。それでなぜなんだろうと。5校目を開き、月〜金曜日に授業をします。そうすると必ず、「高濱先生は来ないんですか？」って聞かれる。体は一つしかないので、すべてに顔を出すことは物理的にできないわけ。するとそこで、せっかく上がった期待値が落ちるんです。そこに壁があると気づいた。

中竹　なるほど。

高濱　今後、100校になったときには、僕のほかにも魅力的な人がいないといけない。一緒に働いてくれる人が輝くためには、言語化することで磨かれる必要があるのではないか。その人なりに、人の心を動かせるエピソードを見つけられるようにならないとけない。エピソードを拾って言語化し、魅力を持って親に語る、あるいは書けるようにならないといけない、そう思ったんです。つまり、魅力的な社会人として、言葉で力をつけるための手段が「言語化」だと考えたわけです。

中竹　再現性があるわけですね。人を育てるためにそこにこだわっている。スポーツでも言語化が大事と言われ始めましたが、まだ浸透していないんです。

高濱　スポーツ選手は、間違いなく脳の働きが活発なので自頭はいいはずなんだけど、勘だけで通じ合っているところがある。それだと、外の世界に行ったときには通じないいんですよね。

中竹　これまでラグビーの価値をちゃんと言語化してこなかったなあと思っていて。やったことある人だけ、知っている人だけで盛り上がっている。

高濱　外から見たらすごく魅力的なのに。

中竹　今回すごく注目されたのに、「何がいいの?」ということをちゃんと言えなかったんです。感覚的にはわかっているのだけれど、言語化してこなかったからかなと……反省しました。

高濱　スポーツはブルー・オーシャンですよ。言語化を徹底してやるだけで、素晴らしく可能性が広がるはずです。

中竹　はい。それをやるだけで強くなるはずだし、リアクションを読み解く力もないといけないと思っています。

高濱　今回はラグビーの魅力や今後のラグビー界のこと、そして、ラグビーに学ぶあり方の磨き術について教えていただきありがとうございました。子育てにめちゃくちゃ活かせる視点がたくさんあったと思います。

中竹　こちらこそ、ありがとうございました。

おわりに

ラグビーの持つ「多様性」、「オフ・ザ・フィールド」、「自分らしさ」など、それぞれの言葉が持つ意味や、それを実生活、特に子育てに活かすコツなどについて述べてみました。楽しんでいただけたでしょうか。

本書を読むと、「自分らしさは大事だ」ということがわかるはず。しかし、社会の常識に当てはめると自分らしさは途端になくなってしまうものです。でもそこで、「心から笑顔になれることを探す」という意識があれば、自分らしさを見つけて伸ばすことができると思うのです。

「自分らしさ」というのは、まわりの制約を受けずに肩の力が抜けていて、ベストパフォーマンスが出しやすい状態のことです。逆に、まわりの目を気にして背伸びをしたり、縮こまったりしていれば、それは無駄なエネルギーを使っているわけですから、ベストパフォーマンスなど望むべくもありません。そして、おそらくはお父さんやお母さん自身が、こうした重い〝鎧《よろい》〟を着た状態でいるのではないかと思います。会社の役職に見合ったあるべき姿だとか、いいお母さんだとか、そんな鎧で身を守ってはいないでしょうか。


怖いけど、そんな鎧は脱ぎ捨てないといけない。

「自分らしくいることのほうが強いんだ」

ということを知ってほしいと思います。そして、そんな姿を自らが手本となってお子さんに見せてあげてほしい。それが一番の教育になると私は思います。

そのためには、わが子に「教える」のではなく、わが子とともに自らも「学ぶ」ことではないでしょうか。ぜひ、親子でともに学び、ともに成長してください。

最後までお付き合いくださり、ありがとうございました。

2020年5月　中竹竜二

刊行の想い

日本中が熱狂したラグビーW杯は、私たちに爽やかな印象を残してくれました。その背景には、ラグビーが育んできた多様性を大事にする文化がありました。そこから学べることがたくさんあります。ぜひそのノウハウを取り入れていただければと思います。

エッセンシャル出版社

どんな個性も活きるスポーツ・ラグビーに学ぶ
オフ・ザ・フィールドの子育て

中竹竜二 著

2020年7月10日　初版発行

発行者　小林真弓
発行所　株式会社エッセンシャル出版社
〒103-0001　東京都中央区小伝馬町7-10
ウインド小伝馬町IIビル6F
Tel:03-3527-3735　Fax:03-3527-3736
URL https://www.essential-p.com/
印刷・製本　モリモト印刷株式会社

ISBN978-4-909972-09-5　C0095